HBRFRANCE.FR
Harvard Business Review
FRANCE

Pouvoirs & influence

Les bienfaits de l'**intelligence émotionnelle** dans la vie professionnelle

Dans la même collection :

Mieux se connaître
Concentration
Gérer les personnalités difficiles
Motivation, sens & implication
Influence & persuasion
Intuition
Leadership authentique
Confiance en soi
Résilience
Empathie
Pleine conscience
Happiness

Directrice exécutive Prisma Media : Gwendoline Michaelis
Directrice éditoriale adjointe : Laura Stioui
Responsable éditoriale : Valérie Langrognet
Édition : Nicolas Rabeau, assisté d'Emma Mauberret
Chefs de fabrication : Jérôme Brotons et Anne-Kathrin Fischer

Traduction
Pierre Batteux (chapitres 10, 11, 12)
Philippe Bonnet (1, 2, 3, 4, 5)
Carla Lavaste (8, 13)
Lyse Leroy (6, 7, 9)

Composition : Nord Compo

ISBN : 978-2-8104-3882-2

Sommaire

Les usages (et les abus) de l'influence

Où commence le pouvoir ? Pas celui que l'on impose par la force, mais le véritable leadership ? Où commence-t-il et, surtout, comment le mesure-t-on ? Ton de la voix, gestuelle, proximité avec autrui… Ce qui importe, ce n'est pas tant ce que vous dites que la façon dont vous l'énoncez. Au point que, c'est ce qu'ont observé deux chercheurs du MIT, on peut prédire quels cadres sortiront vainqueurs d'une situation conflictuelle en entreprise, avant même que ces derniers n'aient avancé le moindre argument, en observant simplement les « signaux sociaux » qu'ils émettent.

Vous-même, êtes-vous capable d'évaluer votre propre degré d'influence ? Ce pouvoir informel – sans lien direct avec votre titre officiel – qui peut vous permettre de mobiliser des ressources, d'opérer un changement et de créer de la valeur pour l'organisation comme pour vous-même. Pour le savoir, vous le découvrirez dans ce livre, vous devrez réaliser votre propre « audit de pouvoir » – et prendre des mesures si le curseur ne se situe pas au niveau adéquat. L'une des clés pour gagner en influence est d'utiliser vos compétences de façon proactive afin d'aider les autres, au-delà des exigences de votre poste. Ainsi, cela vous évitera d'être, des mois durant, l'expert que personne ne connaît.

Si le leadership s'accommode mal de l'autoritarisme, il pourtant fréquent que le pouvoir conduise à des dérives. Le docteur en psychologie sociale Robert Cialdini, dont vous lirez une interview dans ce livre, s'est intéressé aux usages, et surtout aux abus, de l'influence après avoir constaté avec quelle facilité les individus pouvaient franchir une limite éthique à des fins de manipulation.

La réputation d'une personne et sa capacité à influencer les autres se dégradent si l'on découvre qu'elle a agi de façon contraire à l'éthique, surtout à l'intérieur d'une entreprise. Cependant, cela n'empêche pas forcément les comportements peu vertueux, pour la simple et bonne raison que les fautifs ne s'attendent pas à être démasqués – a fortiori dans les hautes sphères du pouvoir, où ils se sentent intouchables. Le problème devient plus épineux lorsque ce genre de dérives gangrène l'organisation tout entière. Si une entreprise permet ou cultive une culture de malhonnêteté vis-à-vis de son environnement externe, les salariés qui se sentiront mal à l'aise, ou en décalage avec cet état d'esprit, chercheront à partir. Le risque est que seules restent les personnes que la malhonnêteté ne dérange pas. Au bout du compte, l'entreprise regorgera d'individus à la moralité douteuse et qui, à coup sûr, tromperont l'entreprise un jour ou l'autre.

Dès lors, comment se faire entendre sans contraindre, créer du lien de manière authentique sans donner l'impression de jouer une partition qui sonne faux, être vraiment à l'écoute de chacun alors que la *to-do list* du jour s'allonge et les contraintes s'accumulent… C'est sans doute ce qui fait l'étoffe des vrais leaders, ceux dont l'impact et l'influence s'exercent de manière légitime et naturelle.

Caroline Montaigne
Rédactrice en chef adjointe
de *Harvard Business Review France*

1

Ne vous laissez pas corrompre par le pouvoir

Par Julie Battilana et Tiziana Casciaro

Alors qu'elle soignait les enfants pauvres de l'hôpital public surpeuplé de Lagoa, à Rio de Janeiro, le médecin Vera Cordeiro sentit sa colère monter.

Des maladies traitées sans problème dans les cliniques privées pour les nantis étaient synonymes de condamnation à mort pour un grand nombre de ses patients, privés de repas réguliers et de conditions de vie saines. Aussi, en 1991, Vera Cordeiro fonda une association à but non lucratif, Associação Saúde Criança (« Association pour la santé de l'enfant »), afin de briser le cycle de la pauvreté en dispensant les soins médicaux dont les enfants avaient besoin et en soutenant leurs familles démunies.

Au départ, la femme médecin dépendait de fonds personnels et de l'aide de sa famille et de ses amis. Mais, au fil du temps, elle comprit qu'il lui fallait obtenir l'appui des riches et des puissants de Rio. Bien que peu intéressée – sinon rebutée – par le pouvoir, elle travailla d'arrache-pied pour attirer l'attention des donateurs privés, des autorités gouvernementales, des médias et du public. Son ONG (rebaptisée depuis Instituto Dara) devint l'une des organisations à but non lucratif les plus prospères du pays. Les éloges ne tarissaient pas.

En cours de route, Cordeiro se rendit compte qu'elle était désormais plus à l'aise avec le pouvoir. Elle possédait d'excellentes relations à l'échelle nationale et internationale, et prenait fréquemment la parole au Forum économique mondial et à d'autres conférences prestigieuses. Mais elle commença à avoir des retours inquiétants de la part de ses proches. Des collègues se plaignaient qu'elle les interrompait sans cesse et qu'elle faisait fi de leurs idées. Sa fille adulte se demandait pourquoi elle accordait maintenant une telle importance aux cérémonies de remise des prix et autres événements très médiatisés. Elle reconnut que son immersion dans le pouvoir était en train de la changer.

S'être méfié autrefois du pouvoir ne garantit pas que l'on soit à l'abri d'en abuser. Nous sommes tous sensibles à ses effets enivrants. Bien que le pouvoir soit essentiel pour prendre en charge et gérer le changement, il vous rend vulnérable à deux pièges insidieux, l'hubris et l'égocentrisme, qui peuvent non seulement affecter votre propre efficacité, mais aussi saper celle de votre équipe. Nous avons étudié et enseigné le pouvoir pendant vingt ans et avons interrogé plus d'une centaine de personnes sur les cinq continents sur la manière dont ils l'ont atteint et exercé. Dans cet article, nous proposons des stratégies pour reconnaître les pièges du pouvoir, comme Vera Cordeiro a fini par le faire, et pour les éviter.

Les dangers de l'hubris et de l'égocentrisme

Les périls de l'hubris – un orgueil et une confiance en soi exagérés qui peuvent accompagner le pouvoir – sont bien documentés. Prenons une étude dans laquelle on demanda à un certain nombre de participants d'écrire sur un moment où ils s'étaient sentis puissants et à d'autres d'écrire sur un moment où ils avaient éprouvé un sentiment d'impuissance. Puis on donna à chacun un dé en lui promettant une récompense s'il prédisait correctement le résultat d'un lancer, et on lui demanda s'il voulait jeter lui-même le dé ou laisser l'expérimentateur le faire. Seuls 58 % de ceux qui avaient écrit sur le sentiment d'impuissance jetèrent le dé, tandis que tous les participants ayant écrit sur le sentiment de puissance le firent. Le simple souvenir d'une expérience de pouvoir peut conduire les gens à surestimer considérablement leurs capacités, au point même de penser qu'ils sont capables d'influer sur un lancer de dé aléatoire.

Si c'est l'effet que peut produire le fait de penser au pouvoir pendant quelques minutes, imaginez les répercussions que cela implique lorsque l'on occupe un poste important pendant des années. Il n'est pas étonnant que les études sur l'arrogance des P-DG abondent. Les recherches montrent que les leaders ayant connu le succès et reçu des éloges à cet égard deviennent si présomptueux qu'ils paieront des prix exagérément élevés pour des acquisitions, en particulier lorsque la vigilance du conseil d'administration fait défaut. Plus la suffisance du P-DG et les prix d'acquisition sont importants, plus les pertes des actionnaires sont élevées. Si le pouvoir vous monte à la tête, tout le monde y perd.

Les psychologues ont documenté l'impact résultant du fait de réfléchir, même brièvement, à son pouvoir par rapport à celui des autres. Dans une étude, des chercheurs ont demandé aux participants de penser soit à ceux qui possédaient le plus d'argent et de notoriété aux États-Unis, soit à ceux qui en avaient le moins, puis de noter leur propre situation sur une échelle. S'interroger sur les individus les plus puissants a conduit les participants à se sentir relativement impuissants et à se situer en bas de l'échelle, tandis que réfléchir aux individus les moins puissants les a incités à se situer plus haut. Les participants ont ensuite été soumis à un test bien connu, Reading the Mind in the Eyes (« Lire l'état d'esprit dans les yeux »), qui demande aux individus, afin de mesurer leur empathie, de déceler les états émotionnels des autres à partir de photos de leurs yeux. Ceux qui se croyaient à un haut niveau étaient significativement moins précis ; le sentiment du pouvoir les rendait moins attentifs aux émotions des autres.

Une telle insensibilité se reflète souvent dans la mauvaise compréhension qu'ont les managers des relations entre les subordonnés. Les recherches montrent que la capacité à cartographier les réseaux est une source de pouvoir, mais, paradoxalement, à mesure que les gens deviennent plus puissants, ils sont moins susceptibles d'exploiter les avantages de la perception précise des réseaux situés en dessous d'eux. La cause en est l'égocentrisme induit par le pouvoir : les leaders ont tendance à devenir moins attentifs à leurs subordonnés et ne prennent pas la peine de cartographier leurs réseaux.

Ne pas « voir » les personnes que vous dirigez diminue l'efficacité de toutes parts. Vous ne pouvez pas diriger des collègues que vous ne comprenez pas, et les gens ne seront pas motivés ni capables de donner le meilleur d'eux-mêmes s'ils ont l'impression que vous êtes coupé d'eux et que vous ne leur prêtez aucune attention. Vous pourrez peut-être passer à travers à court terme, mais leurs performances en souffriront par la suite et votre leadership risque d'être remis en question.

Pour exercer efficacement le pouvoir tout en évitant ses écueils, les leaders doivent cultiver l'humilité comme antidote à la suffisance et l'empathie comme antidote à l'égocentrisme. Ces qualités favorisent une attitude d'ouverture à l'apprentissage et à l'altruisme, clés pour utiliser le pouvoir au service d'un objectif commun qui transcende les intérêts personnels.

Cultiver l'humilité

Pour faire preuve d'humilité – d'une absence d'orgueil ou d'arrogance –, il faut avoir une perception précise de ses propres capacités, accomplissements et limites.

Plusieurs étapes peuvent vous aider, vous et votre équipe, à y parvenir.

Rendez acceptable, voire souhaitable, le fait de dire « je ne sais pas ». Priscilla Luna est vice-présidente des opérations chez Loblaws Companies, une chaîne canadienne de magasins d'alimentation et de pharmacies. Voici ce qu'elle raconte à propos de la formation des étudiants en pharmacie au début de sa carrière : « Je leur disais toujours : "Quand un patient veut savoir quelque chose sur ses médicaments, ne vous sentez pas obligés de répondre à sa question tout de suite. Si vous connaissez la réponse à 100 %, allez-y, bien entendu. Mais si vous n'êtes pas sûrs à 100 %, donnez-vous le droit de leur dire que vous allez vous renseigner. Vous renforcez votre crédibilité et votre cote de confiance en étant humbles et en répondant : 'Je ne sais pas.'" Je continue à donner ce conseil à mes équipes. »

Anne Mulcahy, P-DG de Xerox de 2001 à 2009, avait été surnommée « la championne du "je ne sais pas !" » par ses collègues. « En fait, ils prennent confiance en vous lorsque vous admettez que vous ne savez pas quelque chose », déclare-t-elle. Son approche humble créa un espace permettant à d'autres de proposer leur expertise et de s'engager à redresser l'entreprise en difficulté. Les recherches confirment que lorsqu'un leader exprime de l'humilité, la qualité des contributions des membres de l'équipe s'améliore et que la satisfaction au travail, la rétention, l'engagement et l'ouverture à l'apprentissage augmentent également.

Établissez des moyens d'obtenir une contribution sincère. Lorsque quelques membres d'une équipe monopolisent le temps de parole, c'est en général parce qu'ils sont convaincus de pouvoir faire mieux et qu'ils n'ont pas besoin de l'opinion des autres. Mais même les leaders les plus aguerris ne possèdent pas toutes les réponses. Et des études ont montré que la mesure dans laquelle les membres parlent à tour de rôle est l'un des meilleurs prédicateurs de la performance d'une équipe.

Ayant constaté que son arrogance commençait à nuire à son leadership, Vera Cordeiro savait qu'il lui fallait gérer les effets négatifs du pouvoir. Elle organisa donc ses réunions hebdomadaires avec l'équipe de direction de manière à donner à chacun le même temps pour rendre compte des activités et exposer ses idées et ses préoccupations. Cela améliora l'inclusion et créa un sens collectif des responsabilités. De plus, elle s'engagea publiquement à ne pas interrompre ses collègues et à écouter attentivement avant d'exprimer ses réactions, et demanda aux autres d'en faire autant.

Les leaders peuvent favoriser une large participation en mettant en place des canaux officiels afin d'obtenir une contribution sincère. De nombreuses entreprises le font via des forums du type « all hands », « micro ouvert » ou « demandez-moi n'importe quoi », du niveau de l'équipe de direction jusqu'au bas de la hiérarchie. En tant que P-DG de Vida, une plateforme mondiale reliant des designers et des fabricants pour produire et vendre à grande échelle des vêtements et des accessoires originaux, Umaimah Mendhro a lancé des réunions hebdomadaires à tous les niveaux. Elle a pris soin de modéliser l'approche qu'elle voulait que chacun adopte. « Si je suis la seule à prendre des décisions, alors nous sommes seulement aussi bons que moi, et ça ne suffit pas, explique-t-elle. À mes yeux, la chose la plus importante, c'est de diriger avec curiosité et non avec de l'ego, et d'être transparente sur ce que je sais et ce que je ne sais pas. J'essaie de poser des questions et de faire l'effort d'écouter attentivement, et j'ai appris à être sincèrement enthousiasmée par tous les moments où je me suis trompée et où d'autres ont proposé de meilleures idées que les miennes. C'est une force que de reconnaître ses propres limites et de responsabiliser les autres. »

Certains leaders créent des canaux personnels pour arriver à ce que le personnel leur parle de façon simple et directe. Tracy Abel, directrice des opérations et agent de l'organisme de retraite des enseignantes et enseignants de l'Ontario, a institué un « conseil pour la culture » composé de douze membres de l'équipe en qui elle a une grande confiance. Leur travail consiste à lui donner une rétroaction franche, sans retenue. Ils n'hésitent pas à lui dire quand ils n'aiment pas quelque chose qu'elle a dit ou fait, et ils lui servent de banc d'essai pour ses idées. « C'est inestimable, nous a dit Abel. Cela vous permet de garder les pieds sur terre. »

Parfois, des opportunités de rétroaction honnête émergent de manière organique, et les meilleurs leaders les adoptent. C'est ce qu'a fait Ciarán Hayes après être devenu président du conseil du comté de Sligo (Irlande). Tandis qu'on lui faisait visiter les bureaux, on lui expliqua qu'une des tables de la cantine était appelée « la table de l'audace », car ceux qui y étaient assis – un mélange de cadres moyens et supérieurs et de personnel technique – échangeaient leurs opinions sur tout un chacun. « J'ai décidé que c'est à cette table que je m'installerais – et, comme à l'accoutumée, tous ceux qui s'y trouvaient étaient rituellement remis à leur place, y compris moi-même, raconte Hayes. C'était l'environnement parfait pour garder les pieds sur terre ainsi que le doigt sur le pouls. »

Créez des memento mori. Les historiens ont écrit que derrière chaque général romain victorieux parcourant les rues dans un char se tenait un esclave qui murmurait : « Hominem te esse memento » (« Souviens-toi que tu n'es qu'un homme »). Rien ne tempère davantage les illusions d'infaillibilité qu'un memento mori, un rappel de l'impermanence de nos vies.

Andrea Van Leeuwen, responsable marketing chez Facebook et Instagram Canada, nous a expliqué comment Facebook rappelait à ses employés la nature éphémère du succès. Le siège social est situé dans l'ancien bâtiment de Sun Microsystems, mais, au lieu de remplacer le panneau autoportant à l'extérieur, la société a simplement retourné le panneau et mis le nom de Facebook au dos. « Chaque fois que quelqu'un fait le tour du site, il voit le panneau et son verso, raconte Van Leeuwen. C'est un message qui signifie : "Ce n'est pas parce que vous vous débrouillez bien aujourd'hui que vous serez encore là demain." » Elle ajoute que chaque fois que quelqu'un exprime un point de vue différent, les employés sont invités à se demander : « Et s'il avait raison ? » – un rappel simple et efficace que les autres ont quelque chose à apporter.

Mesurez et récompensez l'humilité. Si vous voulez augmenter votre humilité, vous devez la mesurer. Toutefois, vous ne pouvez pas l'évaluer vous-même de manière fiable. Une personne trop sûre d'elle aura tendance à prétendre : « On ne peut pas trouver plus humble que moi », alors qu'une personne réellement humble sera plus susceptible de dire : « Je m'efforce de rester humble, mais il m'arrive souvent d'échouer. » Afin d'obtenir une image fidèle de votre degré d'humilité, demandez à vos collègues une évaluation honnête. (Pour des conseils sur les critères spécifiques que l'on peut prendre en compte, voir l'encadré « Êtes-vous humble ? », p. 30.)

Cultiver l'empathie

Les psychologues ont montré que les gens se considèrent soit comme séparés et indépendants des autres, soit comme connectés et interdépendants.

Sans surprise, cette dernière perspective incite à une empathie et une coopération plus grandes – antidotes à l'égocentrisme que peut entraîner le pouvoir. Il est possible de favoriser l'empathie à l'aide d'interventions simples, comme demander à quelqu'un de substituer des pronoms interdépendants (nous, le nôtre…) en lisant un texte contenant des pronoms indépendants (je, le mien…).

Les nouveaux leaders ont tendance à être autocentrés. Ils ont souvent l'impression d'avoir beaucoup à prouver, ce qui focalise leur attention sur eux-mêmes. À moins que leur développement n'ait été freiné, ils en viennent peu à peu à se considérer comme interdépendants avec des entités plus larges : entreprises, communautés ou pays, et finalement l'humanité et la planète. Ce sentiment d'interdépendance leur permet d'acquérir de l'empathie, c'est-à-dire la capacité à comprendre et à partager les sentiments des autres. Vera Cordeiro s'est tournée vers la méditation pour l'aider à combattre une tendance à l'égocentrisme. Suivre un entraînement régulier « m'a aidée à avoir plus d'empathie pour mon personnel et les familles au service desquelles se trouve notre ONG, me rappelant la primauté de notre mission sociale », nous a-t-elle confié. En reliant l'empathie à la mission de son association, Cordeiro a franchi une étape fondamentale dans le parcours de développement pour exercer son pouvoir de manière judicieuse, à savoir reconnaître le fait que nous appartenons tous à une même famille humaine.

Les actions suivantes peuvent renforcer votre empathie et celle de votre équipe.

Immergez-vous dans le travail des autres. Plus vous vous rapprochez de la réalité de quelqu'un d'autre, plus vous éprouvez de l'empathie. Un manager qui a déjà occupé un emploi de débutant et qui met un point d'honneur à connaître les employés subalternes appréciera les contributions du personnel de première ligne plus que ne le fera un collègue ayant commencé à un poste de niveau intermédiaire et qui ne s'aventure hors de son bureau que pour des déjeuners d'affaires avec des clients et des investisseurs. Les jeunes diplômés embauchés par Bell Canada passent huit semaines dans des postes de centres d'appels et de vente au détail pour acquérir de l'expérience en matière de service de première ligne à la clientèle en vue de leur futur rôle de gestionnaire. L'organisme de retraite des enseignantes et des enseignants de l'Ontario possède un programme en vertu duquel les employés peuvent « faire une excursion » dans une autre partie de l'activité, y travailler pendant un certain temps avant de retourner à leur rôle habituel. Nous avons étudié des entreprises sociales aux États-Unis et en Europe où travailleurs sociaux et techniciens se suivaient mutuellement pour mieux comprendre le travail des uns et des autres. Avoir une expérience directe de la réalité d'autrui permet de renforcer l'empathie pour les collègues et de se faire une idée de la façon dont les différentes parties de l'entreprise sont liées, créant les conditions pour éliminer les cloisonnements et accroître la collaboration.

Utilisez la narration pour rendre les choses personnelles. Il n'est pas toujours possible, bien sûr, de s'immerger dans le travail d'une autre personne. Entendre les histoires des autres est une alternative puissante qui renforce également l'empathie. En créant un espace pour une telle narration, les entreprises peuvent aider les gens à dépasser leurs propres points de vue. Janice Smith, vice-présidente des ventes nationales chez Rogers Sports & Media, nous a déclaré que les séances de « parler sans risque » avaient généré au début de la pandémie de Covid-19 une vague d'empathie, laquelle s'était poursuivie pendant les manifestations ayant suivi le meurtre de George Floyd. « Ce sont des personnes courageuses, qui se réunissent et partagent leurs expériences personnelles et leurs récits de douleur en toute franchise et transparence, explique-t-elle. Ces séances sont un espace sûr, et la confiance qu'elles créent n'est pas seulement un réconfort en une période de grande nécessité, mais un sentiment extrêmement fort et qui change la vie. Des collègues à tous les échelons et de tous les secteurs de l'entreprise écoutent ces histoires, apprennent et s'éduquent, se sentent inspirés et deviennent meilleurs. Cela a transformé la culture d'entreprise. »

Intégrez l'interdépendance dans les systèmes organisationnels. Les entreprises peuvent également lutter contre l'égocentrisme en faisant mieux comprendre l'interdépendance de leurs systèmes. Microsoft a supprimé les notes de son processus d'examen des performances, recentrant les évaluations sur la collaboration. Les managers demandent d'abord aux salariés : « Comment avez-vous contribué au succès des autres ? » Ils veulent ensuite savoir : « Comment vos résultats se sont-ils appuyés sur le travail, les idées et les efforts des autres ? » Au cours du processus d'examen, ils suscitent également la réflexion avec la question suivante : « Qu'auriez-vous pu faire différemment ? » Cette approche met en évidence le fait que les salariés ne travaillent pas en vase clos, qu'ils ont besoin les uns des autres et que leurs actes ont des conséquences pour leurs collègues. Il est difficile de rester égocentrique dans un tel système. Pendant la pandémie, la P-DG de Vida, Umaimah Mendhro, et son équipe ont voulu intensifier la prise de conscience de l'interdépendance de l'organisation avec la collectivité et l'environnement. Elles ont donc fait de Vida une société reconnue d'utilité publique – une entité à but lucratif dont les objectifs définis par la loi incluent d'avoir un impact positif sur les travailleurs, la collectivité, la société et l'environnement. « Nous n'avons pas envie de nous retrouver quelque part où nous perdrions de vue nos responsabilités sociales, explique Mendhro. C'est une question d'équilibre des pouvoirs. En devenant une société d'utilité publique, nous avons créé, structurellement et légalement, cette obligation de ne jamais abuser du pouvoir à des fins purement lucratives. Si je ne suis plus là, si nous avons un autre investisseur, ou un acheteur, ils sauront dans quoi ils s'embarquent : une entreprise alignée sur cette obligation et cette responsabilité. »

Sortez de votre entreprise et entrez dans le monde réel. Afin d'apprécier votre impact sur les autres et de développer de l'empathie pour eux, vous devez franchir les frontières de votre entreprise pour accéder à des communautés dont l'expérience vécue est profondément différente de la vôtre. Cet engagement personnel est inestimable pour se débarrasser de l'égocentrisme et pour mettre vos objectifs commerciaux et vous-même en perspective.

Anand Mahindra, président du conglomérat indien Mahindra Group, comprend la nécessité de telles connexions. Issue d'un milieu modeste, sa mère l'a élevé dans un sain scepticisme à l'égard de ceux qui sont nés avec une cuillère en argent dans la bouche (comme le père de Mahindra). Elle a veillé à ce que ses enfants rencontrent des gens en dehors du petit cercle des privilégiés, qu'elle considérait comme « le sel de la terre » : ceux qui connaissent les difficultés de la vie et qui savent se débrouiller tout seuls. Elle envoya Mahindra dans une école publique, fréquentée par des enfants issus de milieux très différents du sien, plutôt que dans l'un des établissements privés généralement fréquentés par les enfants de l'élite. Le sentiment de malaise à l'égard des privilèges que cela instilla en lui conduisit Mahindra à rester tout d'abord en dehors de l'affaire familiale, nous confia-t-il. Ce n'est que plus tard, lorsque sa famille eut besoin de lui, qu'il rejoignit l'entreprise, où sa sensibilité aux périls des privilèges devint une force importante.

« J'en suis arrivé à la conclusion que la meilleure façon d'exercer le pouvoir, la façon la plus responsable de le faire, c'est peut-être d'avoir une gêne très constructive par rapport à ça », dit-il. Rester connecté au monde en général est essentiel pour éprouver une telle gêne.

Nous avons vu l'impact positif de l'engagement dans le monde réel se manifester aussi bien chez des jeunes que chez des cadres chevronnés. Un étudiant issu d'une famille aisée qui prend un emploi d'été dans un fast-food saura ce que signifie être au bas de l'échelle et aura une idée de la difficulté de vivre avec un salaire minimum. Un cadre du secteur bancaire faisant du bénévolat dans une école du centre-ville ou un refuge pour les sans-abri envisagera différemment le rôle social des institutions financières. Quels que soient votre envergure et votre statut, vous engager auprès de la communauté qui vous entoure vous aidera à résister à l'égocentrisme.

Une relation équilibrée avec le pouvoir s'établit rarement du jour au lendemain ; après tout, ce sont nos émotions, et pas seulement nos pensées, qui sont en jeu. Et comme l'a découvert Vera Cordeiro, même lorsque nous exerçons le pouvoir dans un but noble, nous restons vulnérables à ses effets corrosifs. Mais en cultivant l'humilité et l'empathie, et en mettant en place des structures organisationnelles qui garantissent un véritable partage du pouvoir et des responsabilités, nous pouvons éviter le double écueil de la suffisance et de l'égocentrisme. Les leaders augmenteront ainsi leur propre efficacité et favoriseront des performances exceptionnelles de la part de leurs équipes. La romancière et Prix Nobel de littérature Toni Morrison a résumé d'une phrase le défi et l'opportunité : « Si vous possédez un certain pouvoir, disait-elle, alors votre tâche consiste à en donner à quelqu'un d'autre. »

ÊTES-VOUS HUMBLE ?

Les chercheurs Bradley Owens, Michael Johnson et Terence Mitchell ont élaboré le test suivant pour évaluer l'humilité :

Que diraient de vous vos collègues ?

1. Cette personne cherche activement à obtenir du feedback, même s'il est négatif.
2. Cette personne admet volontiers qu'elle ne sait pas comment faire quelque chose.
3. Cette personne reconnaît que d'autres ont davantage de connaissances ou de qualifications.
4. Cette personne prend note des points forts des autres.
5. Cette personne complimente souvent les autres sur leurs points forts.
6. Cette personne montre qu'elle apprécie les contributions des autres.
7. Cette personne est prête à apprendre des autres.

QUE FAIRE SI VOUS ÊTES TROP HUMBLE ?

Lorsque nous discutons avec des femmes (et certains hommes) occupant des postes de direction, elles expriment souvent des préoccupations entièrement différentes : loin d'être trop confiantes, elles sont effacées et doutent d'elles-mêmes, ou bien leur leadership est constamment remis en question. En rajouter sur l'humilité semble être la dernière chose qu'elles devraient faire. En revanche, ces personnes éminemment compétentes nous demandent : « Comment puis-je devenir moins humble ? » Voici trois réponses possibles :

PREMIÈREMENT, les recherches montrent que, bien que l'impact du pouvoir sur l'orgueil démesuré et l'égocentrisme puisse être plus important chez les hommes, ce n'est guère leur apanage. Nous devons tous faire attention. La bonne nouvelle, si vous êtes une femme leader, c'est que la chose même qui vous contraint peut aussi vous aider : le monde attend des femmes qu'elles soient humbles et empathiques, ce qui favorise le développement de ces antidotes au poison du pouvoir.

DEUXIÈMEMENT, ne confondez jamais insécurité avec humilité. Pour comprendre la différence, prenez un moment pour noter deux ou trois valeurs qui sont importantes pour vous et la façon dont vous utilisez vos aptitudes et vos talents pour les vivre. Cet exercice simple peut vous aider à diminuer vos doutes et à vous sentir suffisamment rassuré pour admettre vos limites sans être sur la défensive. Et cette « humilité confiante » – comme l'appelle Adam Grant dans son livre *Think Again* – rayonnera vers l'extérieur, apaisant ceux qui contestent votre leadership.

TROISIÈMEMENT, vous pouvez travailler à changer la culture de votre organisation. En prenant les mesures que nous suggérons, vous pouvez aider les leaders suffisants et égocentriques qui vous entourent à acquérir de l'humilité et de l'empathie. En offrant aux gens des expériences qui les sensibilisent à leurs limites et à leur interdépendance, vous pouvez leur inculquer le respect du style de leadership humble et empathique dans lequel excellent tant de femmes leaders.

JULIE BATTILANA est professeure de gestion des affaires, titulaire de la chaire Joseph C. Wilson à la Harvard Business School. Elle est aussi professeure d'innovation sociale, titulaire de la chaire Alan L. Gleitsman à la Harvard Kennedy School, où elle a fondé et occupe la chaire d'innovation sociale et d'initiative de changement.

TIZIANA CASCIARO est professeure de comportement organisationnel et de gestion des ressources humaines et titulaire de la chaire Marcel Desautels en pensée intégrative à la Rotman School of Management de l'université de Toronto.

Elles sont les auteures de *Power, for All. How It Really Works and Why It's Everyone's Business* (Simon & Schuster, 2021), dont est adapté ce texte.

2

Quel est votre style de pouvoir ?

Par Maggie Craddock

Vous êtes-vous déjà demandé si les expériences vécues par une personne dans son enfance influencent son mode de fonctionnement plus tard en tant que professionnelle ? Ce tyran des salles de réunion qui intimide les autres pour faire valoir son point de vue bousculait-il ses camarades dans la cour d'école quand il était enfant ?

Que vous essayiez d'obtenir de l'avancement dans votre entreprise actuelle ou de décrocher un emploi dans une nouvelle organisation, il est utile de comprendre que bon nombre de vos réflexes, s'agissant de donner ou de prendre le pouvoir, découlent de la façon dont vous avez été conditionné dans la première structure que vous avez connue dans la vie : votre structure familiale. Grâce aux recherches que j'ai effectuées pour mon livre *Power Genes*, j'ai découvert que les composantes du style de pouvoir de chacun sont enracinées dans la façon dont il a été conditionné à réagir sur le plan émotionnel et comportemental aux premières figures d'autorité qu'il a rencontrées dans son existence, à savoir ses aidants.

Pour avoir une idée de la manière dont vous pouvez être conditionné émotionnellement à réagir au pouvoir sur votre lieu de travail, réfléchissez un instant à la façon dont vos aidants exerçaient plus particulièrement leur autorité dans votre structure familiale. Vous motivaient-ils en tenant compte de vos sentiments, ou vous donnaient-ils des ordres auxquels vous étiez censé obéir promptement ? Si vous avez été élevé par des aidants qui vous demandaient votre avis lorsqu'ils prenaient des décisions familiales importantes, vous réagissez probablement positivement aux collègues qui se donnent la peine de se connecter avec vous sur le plan humain. Ce type de réaction indique que la dimension émotionnelle du style de pouvoir qui vous caractérise peut reposer sur la confiance.

En revanche, les personnes ayant été élevées par des aidants qui soit faisaient usage d'une autorité rigide, soit étaient très permissifs s'aperçoivent souvent que la dimension émotionnelle de leur style de pouvoir peut reposer sur la peur. Il est possible qu'ils réagissent négativement à l'établissement d'un consensus au travail et se tournent vers des leaders qui agissent de manière indépendante et dégagent une aura de confiance.

Mais il y a un autre niveau de votre style de pouvoir qu'il convient d'explorer. En effet, la dimension comportementale de votre style de pouvoir découle de la façon dont vous avez appris à composer avec vos aidants en tant qu'unité pour obtenir ce que vous vouliez dans votre enfance. Une approche plus informelle a-t-elle pris le dessus ou avez-vous appris à fonctionner avec eux de manière plus formelle ?

Si vos expériences d'enfance vous ont appris que vous pouviez parfois amener l'un de vos parents à accepter une demande qui avait été refusée par l'autre, la dimension comportementale de votre style de pouvoir distinctif peut être principalement informelle. Les personnes dont le style de pouvoir comporte une forte dimension informelle préfèrent les interactions individuelles au travail lorsqu'elles essaient d'influencer les autres. Par exemple, même quand elles savent qu'elles devront présenter une idée ou une proposition à un groupe, elles auront tendance à faire passer leurs idées par des individus clés en privé avant que le groupe ne se réunisse.

Au contraire, les clients qui déclarent que leurs aidants restaient soudés en les punissant ou en les récompensant préfèrent souvent traiter avec des groupes pour mener à bien des objectifs professionnels plus tard dans la vie. Les personnes dont les préférences comportementales vont vers un style de pouvoir à la dimension formelle aiment mieux orchestrer un débat autour de questions litigieuses avec un groupe que de négocier des accords individuels en privé.

La comparaison entre les différentes façons dont mes clients ont appris à s'adapter pour répondre à leurs besoins durant l'enfance et les défis auxquels ces mêmes clients ont été confrontés dans leur emploi actuel a mis au jour des tendances importantes. C'est ainsi que Jeff, un cadre supérieur dans le secteur de la publicité, était sur le point de ne pas obtenir de promotion parce que sa propension à couper la parole aux autres dans les réunions le faisait paraître trop anxieux pour diriger une équipe créative. Jeff avait travaillé avec des coachs spécialisés en matière de présentations, mais son besoin impérieux de se faire entendre était le plus fort.

Jeff a grandi dans l'ombre d'une sœur aînée championne de patinage artistique. Ses parents, qui l'aimaient et le soutenaient, avaient été si préoccupés par la carrière sportive de sa sœur que, sans le vouloir, ils avaient laissé Jeff se sentir ignoré. Celui-ci aspirait à capter et à retenir l'attention de ses parents. Ce profond désir a conduit Jeff à organiser des campagnes publicitaires qui ont attiré avec succès l'attention de familles dans le monde entier. Alors qu'il commençait à comprendre à quel point sa peur d'être négligé dans son enfance affectait la tonalité qu'il donnait en interne au travail, Jeff a pu devenir un auditeur plus efficace et décrocher la promotion qu'il méritait.

La première étape vers le changement consiste à identifier votre propre style de pouvoir. Vous pouvez évaluer le style de pouvoir qui vous caractérise en examinant vos déclencheurs émotionnels et schémas comportementaux dominants. La plupart des gens s'accordent pour dire que leur style de pouvoir distinctif est un mélange d'au moins deux des quatre styles de pouvoir de base suivants :

- **Le Gentil**. En raison de facteurs stressants extérieurs, les Gentils, bien souvent, n'ont pas obtenu l'attention dont ils avaient besoin de la part de leurs aidants au début de leur vie. Les Gentils grandissent fréquemment en ayant soif de validation et sont programmés pour prendre soin des autres. Ils exercent en général leur pouvoir en tentant de se connecter avec autrui à un niveau personnel.

- **Le Charmeur**. Les Charmeurs ont souvent été tenus tôt dans la vie de rassurer un parent en manque d'affection. En conséquence, ils ont parfois peu de respect pour l'autorité officielle et peuvent manipuler les autres pour obtenir ce dont ils ont besoin. Le style de pouvoir du Charmeur est représenté par des personnes possédant une intensité de concentration qui à la fois intimide et séduit les autres afin de les amener à se soumettre.

- **Le Commandant**. Fréquemment, un Commandant a grandi dans une structure familiale dédiée au sport, à la religion, à l'armée ou à tout autre système plus vaste mettant l'accent sur la discipline et un code de conduite strict. Les Commandants fonctionnent avec une orientation axée sur les résultats et ont tendance à entretenir un sentiment d'urgence chez les autres.

- **L'Inspirateur**. Les structures familiales favorisant les Inspirateurs valorisent fréquemment l'expression de soi par rapport au conformisme, et les parents dans de telles structures sont souvent prêts à faire des sacrifices personnels pour atteindre l'excellence dans des domaines tels que l'expression artistique ou la recherche scientifique. Les Inspirateurs ont tendance à être des penseurs innovants et à agir avec un engagement constant pour le bien commun.

Chaque style comporte des forces et des défis inhérents, et chacun nous livre des enseignements importants sur le pouvoir en milieu de travail. Jeff a découvert que son approche de l'exercice du pouvoir reflétait un mélange de Gentil et de Commandant, et il a pu utiliser ces connaissances pour adapter ses habitudes et son comportement.

Lorsque vous identifiez votre propre style de pouvoir, il est important de garder à l'esprit qu'il n'y a pas de bons ou de mauvais styles de pouvoir, et de vous souvenir de ne pas porter de jugements hâtifs sur les autres ni sur vous-même. La plupart d'entre nous utilisent plus d'un style de pouvoir, et vous pouvez même changer de style en fonction de la situation.

MAGGIE CRADDOCK est présidente et fondatrice de Workplace Relationships. Elle est l'auteure de *Power Genes. Understanding Your Power Persona – and How to Wield It at Work* (Harvard Business Review Press, 2011).

3

Comment déterminer votre influence au travail

Par Maxim Sytch

Un banquier d'Asie du Sud-Est voulait permettre aux salariés d'une agence de location de voitures d'acheter à l'employeur des véhicules d'occasion. Mais aucune unité commerciale n'était capable de mettre en place un tel produit. Divers départements étaient arrêtés par le portefeuille de produits existant, les risques sous-jacents ou les directives réglementaires. Cependant, l'un des collègues du banquier a pu faciliter d'importantes rencontres dans toute l'entreprise. Ce qui a conduit à une solution conçue et proposée conjointement par deux unités commerciales.

Attribuons le succès de ce nouveau produit financier au pouvoir informel du banquier. Le pouvoir informel – qui n'est pas lié à votre titre officiel – peut vous permettre de mobiliser des ressources, de susciter le changement et de créer de la valeur pour l'organisation ainsi que pour vous-même. Et dans le milieu de travail moderne, le pouvoir informel est de plus en plus essentiel et peut garantir votre place au sein de votre organisation.

Pourquoi ? De nos jours, le flux de travail migre des secteurs verticaux spécialisés vers les espaces blancs entre eux, à mesure que les entreprises répondent plus précisément aux besoins des clients. Cette tendance est importante dans les organisations dotées d'équipes interfonctionnelles, de gestionnaires de comptes ou d'une structure matricielle. Même les petites organisations sont de plus en plus axées sur les projets.

Et de plus en plus, le travail s'effectue à l'extérieur de l'organisation, en collaboration avec les fournisseurs, les distributeurs et les clients. Les entreprises pratiquent le crowdsourcing des idées et du travail. Nous faisons appel à des free-lances et à des tierces parties. Parfois, nous collaborons même avec des concurrents.

Le fait est que votre titre officiel, vos subordonnés directs et l'autorité qui vous est explicitement octroyée ne vous mènent pas toujours très loin lorsque vous travaillez dans l'ensemble de votre propre organisation et avec des partenaires extérieurs.

Avez-vous le pouvoir informel de générer de la valeur et d'obtenir des résultats ? Voici comment réaliser un audit de pouvoir :

- Étape 1 : dressez une liste des dix principaux contacts qui vous permettent d'obtenir que le travail soit fait. Ces contacts peuvent être internes ou externes à votre organisation.

- Étape 2 : pour chaque contact, attribuez une note de 1 à 10 indiquant à quel point vous dépendez d'eux. Si un contact apporte beaucoup de valeur et est en outre difficile à remplacer, attribuez-lui une note élevée. Réfléchissez de façon générale à la valeur qu'offrent vos contacts. Cela inclut conseils de carrière, soutien psychologique, aide pour les activités quotidiennes, informations et accès aux ressources ou aux intervenants.

- Étape 3 : faites la même chose en sens inverse. Attribuez-vous une note du point de vue des autres. Déterminez approximativement la valeur que vous offrez à vos contacts et à quel point il serait difficile de vous remplacer. Soyez honnête.

Ensuite, recherchez des signaux d'alerte dans votre audit de pouvoir. Ceux-ci pourraient indiquer que vous manquez de pouvoir informel et que vous êtes remplaçable. Tous vos contacts travaillent-ils dans une même équipe, fonction, unité de production ou dans un seul immeuble de bureaux ? Cela pourrait indiquer une capacité limitée à générer de la valeur au-delà des exigences de base de votre description de poste. Vos contacts vous apportent-ils plus de valeur que vous ne leur en procurez ? De telles relations sont difficiles à maintenir à long terme. Les dépendances déséquilibrées indiquent que les autres détiennent le pouvoir dans une relation.

Vos notes de dépendance sont-elles faibles partout ? Cela pourrait indiquer la prédominance de relations transactionnelles, relations souvent fondées sur des contreparties. En revanche, les relations de forte dépendance peuvent être imprégnées de valeurs et de dynamiques relationnelles qui ne sont pas simplement calculées[1].

Toute la valeur que vous donnez ou recevez est-elle concentrée dans quelques contacts ? Vous pourriez être vulnérable si vous perdez ces contacts ou si votre relation change. Un cadre supérieur m'a raconté que deux contacts clés avaient généré de la valeur dans son réseau. Malheureusement, l'un est décédé et l'autre a déménagé dans une autre région. Le pouvoir informel de ce cadre a cessé du jour au lendemain.

Alors, maintenant que vous avez effectué votre audit de pouvoir informel, comment pouvez-vous améliorer votre classement ?
Tout d'abord, l'un des principaux moyens de rectifier les scores d'audit de pouvoir défavorables consiste à gagner des relations en offrant de la valeur à vos contacts. Demandez-vous : « Quelle valeur puis-je leur apporter ? » Une façon est de développer et d'améliorer continuellement un ensemble de compétences qui incite les autres à apprécier vos contributions. Utilisez ensuite vos compétences de manière proactive pour aider les autres, bien au-delà des exigences de votre rôle officiel. Vous ne voulez pas être l'expert que personne ne connaît.

Deuxièmement, laissez votre travail vous aider. Gérez votre description de poste afin de pouvoir contribuer aux flux de travail de plusieurs fonctions au sein de l'organisation ainsi que des clients, des partenaires externes ou des régulateurs. Proposez-vous pour des initiatives interfonctionnelles. Considérez les transferts latéraux comme une promotion. En vous positionnant à l'intersection des flux de travail, vous vous préparez à rencontrer des groupes variés au sein de l'organisation, à tirer d'eux des leçons et à leur apporter de la valeur.

Troisièmement, apprenez à mieux connaître vos partenaires et collaborateurs en tant qu'individus. Vous seriez surpris de voir à quel point quelque chose qui vous paraît plutôt facile à faire revêt une grande valeur pour eux. Parfois, nous restons figés sur place parce que nous croyons que nous devons offrir aux autres des contributions réellement significatives ou leur rendre d'énormes services. Bien connaître les autres peut nous procurer des alternatives utiles. Et ne vous limitez pas au domaine professionnel.

En dehors du travail, adhérez à des associations sociales aussi bien que professionnelles. Les activités partagées ont un impact sous-estimé sur le développement de nos réseaux au-delà d'un groupe isolé de collègues immédiats. Un de mes amis, un entrepreneur, a entendu parler pour la première fois, par son partenaire de club de natation, des critères qu'utilisent les sociétés de capital-risque pour sélectionner et financer les entreprises du secteur des sciences de la vie. Ce partenaire a fini par devenir son premier investisseur. Votre valeur ne saurait être définie uniquement par votre capacité à jouer un rôle organisationnel officiel. Si tel est le cas, vous êtes probablement en difficulté – tôt ou tard, un concurrent moins cher, plus jeune et plus avisé arrivera dans l'entreprise. En créant de la valeur pour diverses parties prenantes et en vous rendant irremplaçable, vous vous ouvrez des possibilités au sein de l'organisation et au-delà. Et, ce faisant, vous ajoutez de la valeur à votre entreprise.

MAXIM SYTCH est professeur associé d'étude de la gestion et des organisations à la Stephen M. Ross School of Business de l'université du Michigan. Ses recherches portent sur les réseaux de relations sociales et les dynamiques d'influence au sein et entre les organisations.

Note

1 R. Gulati et M. Sytch, « Dependence Asymmetry and Joint Dependence in Interorganizational Relationships: Effects of Embeddedness on a Manufacturer's Performance in Procurement Relationships », Administrative Science Quarterly, 52, n° 1, 2007, p. 32-69.

4

Quatre façons dont les leaders gaspillent leur pouvoir

Par Ron Carucci

« La dernière chose que je souhaite, c'est d'être perçu comme un homme de pouvoir. » C'est ce qu'un cadre supérieur m'a déclaré récemment, et ce sentiment est monnaie courante chez les hauts dirigeants. Le cadre qui détourne de l'argent, s'attire les faveurs grâce à des pots-de-vin ou se retrouve pris dans des affaires sordides fait la une des journaux et est ridiculisé à juste titre. Mais notre étude longitudinale sur dix ans a révélé que le cadre paralysé est tout aussi dangereux et probablement plus répandu.

Nous avons mené plus de 2 700 entretiens avec plus de 100 cadres fraîchement émoulus, et bien que les données mettent en garde contre l'attrait d'utiliser le pouvoir dans son propre intérêt, nous avons constaté que le plus grand défi que pose le pouvoir n'est pas d'en tirer parti, mais d'y renoncer.

Dans le but d'établir un égalitarisme, pour faire en sorte que les subordonnés directs se sentent valorisés et inclus, et éviter les risques associés aux prises de décision difficiles, ces dirigeants ont eu du mal à exercer le pouvoir. Parmi les personnes interrogées, 57 % trouvaient les décisions plus compliquées et aléatoires qu'elles ne s'y attendaient, tandis que 61 % déclaraient que les gens voulaient davantage de leur temps qu'elles ne pouvaient en donner, mais se sentaient coupables de dire « non » parce qu'elles ne voulaient pas paraître inaccessibles. Pris entre le besoin de plaire ou d'être aimés et l'évitement craintif d'une erreur catastrophique, ces dirigeants se sentaient en réalité impuissants : de façon étonnante, 60 % de nos répondants se débattaient avec le fait que les gens leur attribuaient plus de pouvoir qu'ils ne pensaient en avoir réellement. Près de la moitié d'entre eux estimaient que le pouvoir associé à leur travail était insuffisant pour leur permettre de remplir les objectifs dont ils étaient chargés.

À un moment donné, tous les dirigeants ont probablement exprimé ce regret : « Comment se fait-il que j'aie toutes ces ressources et que je ne puisse toujours pas faire bouger les choses ? » Nous entendons souvent cela de la part des nouveaux cadres supérieurs. Et pourtant, de tels leaders sont souvent coupables d'abdiquer le pouvoir qu'ils détiennent. Parmi les nombreux abandons de pouvoir que nous avons isolés, nous en avons identifié quatre particulièrement récurrents et destructeurs :

Paralysie. C'est l'une des formes d'abdication les plus répandues, et elle peut avoir des effets dévastateurs sur une organisation. Un cadre était surnommé « la gaufre » en raison de son incapacité à s'en tenir à une décision. Il était souvent vulnérable au phénomène du « dernier arrivé » – la dernière personne entrée dans son bureau le persuadait d'adopter son avis. En dépit des données ou des appuis qu'il récoltait, il ne faisait jamais état d'un choix définitif, laissant subsister le doute quant à savoir si une décision avait été prise. Les membres de l'équipe comprirent rapidement que ce manque de clarté représentait pour eux un avantage. En l'absence de toute preuve qu'une décision avait été finalisée, il leur était loisible d'interpréter les résultats de la réunion dans un sens compatible avec leurs propres points de vue. Le risque était minime parce qu'ils pouvaient toujours prétendre que c'était ce qu'ils croyaient être « sa » décision.

Surinclusion. Inclure trop de personnes inhibe également la décision des leaders. Les leaders timorés se font des illusions en pensant que le meilleur moyen de disperser les risques consiste à impliquer un grand nombre de personnes. Bien qu'il soit important d'inclure ceux qui doivent assumer les conséquences d'une décision, trop inclure les gens au détriment de l'action, ce n'est pas établir un consensus, c'est le brouiller. De nombreux répondants ont souligné avec exaspération ce défi parmi les cadres supérieurs. L'un d'eux se plaignait en ces termes : « Le nombre de personnes qui s'attendent à avoir leur mot à dire dans les décisions est ridicule. Je passe plus de temps à élaborer de faux consensus qu'à améliorer la qualité des décisions. Je pensais posséder plus d'autorité que je n'en ai. » Les cadres nouvellement nommés doivent avoir la peau dure pour résister à l'inévitable hostilité qui accompagne les décisions impopulaires. Mais l'esquiver ne disperse pas les risques. Cela les accroît.

Compromis. Se plier à l'agenda des autres au détriment du bien commun revient également à abdiquer le pouvoir. Certes, les gens éprouvent un fort sentiment de responsabilité lorsqu'ils exercent un meilleur contrôle sur la gestion de leurs projets, mais ce type d'autonomisation ne devrait jamais se faire aux dépens d'un programme organisationnel plus large. Les hauts dirigeants peuvent façonner une telle orientation stratégique, tout en laissant suffisamment d'espace aux autres pour faire des choix qui traduisent cette vision en actes. Distribuer des « oui » aux demandes de ressources pour les agendas des individus « afin qu'ils se sentent responsables », ce n'est pas de l'autonomisation ; c'est du renoncement. Réduire les priorités pour mettre l'accent sur le renforcement de l'exécution est l'une des plus grandes contributions unificatrices d'un dirigeant. Lorsque le besoin de dire « oui » l'emporte sur le courage de dire « non », cela fragmente les organisations et conduit à la forme finale de l'abdication.

Tolérer les mauvaises performances. C'est le dernier motif majeur que nous avons noté, et, malheureusement, dans les organisations où les gens sont désorientés par trop de priorités contradictoires et aux prises avec des ressources mal affectées, ce ne sont pas les mauvaises performances qui manquent. Une fois que les gens en sont arrivés à la conclusion que le plan ne pouvait pas être pris au sérieux, les priorités changeant chaque jour, leur détermination à mettre en œuvre la stratégie s'émousse et les résultats périclitent. Pour éviter de dévoiler leur hypocrisie, les dirigeants ayant provoqué le chaos ne peuvent pas poser la question de la chute libre de la performance, de sorte qu'ils doivent la tolérer. Paradoxalement, distribuer trop de « oui » ne sert qu'à anéantir cette responsabilité même que les dirigeants cherchaient à renforcer et mène l'organisation fragmentée à l'écueil des performances que ces dirigeants tentaient si désespérément d'éviter.

Le pouvoir est un atout essentiel des fonctions de direction. C'est la monnaie qui assure le legs d'un leader. Le pouvoir peut corriger les injustices organisationnelles, favoriser les talents prometteurs et susciter de grandes réalisations. Cela nécessite une gestion prudente, effectivement, mais le meilleur moyen pour que tout se passe bien, c'est de profiter de votre influence et non de la craindre.

RON CARUCCI est cofondateur et directeur associé chez Navalent, où il travaille avec des P-DG et des responsables envisageant des changements transformationnels pour leurs organisations, leurs leaders et leurs industries. Il est l'auteur à succès de huit livres, dont *Rising to Power*. Suivez-le sur Twitter @RonCarucci.

5

Faites en sorte que votre équipe se sente puissante

Par Harrison Monarth

Des recherches ont montré qu'aider les autres à se sentir plus puissants peut stimuler la productivité, améliorer les performances et donner aux employés une plus grande satisfaction au travail. Une étude réalisée par Yona Kifer, de l'université de Tel-Aviv, et publiée dans Psychological Science a révélé que les employés étaient 26 % plus satisfaits de leur rôle lorsqu'ils occupent des postes de pouvoir[1].

Ce sentiment de puissance se traduisait également par davantage d'authenticité et une plus grande sensation de bien-être, ont constaté les chercheurs. Le pouvoir rendait les sujets plus « fidèles à eux-mêmes », leur permettant d'entreprendre des actions qui reflétaient véritablement les valeurs qui leur étaient chères. Ce sentiment subjectif d'authenticité engendrait à son tour un état supérieur de bien-être et de contentement.

Pourtant, aussi surprenant que cela puisse paraître, un sondage Gallup a révélé que 70 % des travailleurs américains ne sont ni engagés ni dévoués à l'égard de leurs employeurs. Gallup estime que le coût annuel de leur apathie représente entre 450 et 550 milliards de dollars en perte de productivité[2]. Je suppose que ces travailleurs n'ont pas l'impression d'être si puissants.

Il serait assurément merveilleux de pouvoir se dire qu'il suffit de répéter un mantra chaque matin pour favoriser ces sentiments de pouvoir qui améliorent le bien-être, mais une autre étude globale menée par Gallup a établi que, chez quelque six cent mille travailleurs de divers secteurs d'activité, le soutien de la direction, la reconnaissance, une communication constante et la confiance étaient indispensables pour créer un environnement épanouissant où les employés de première ligne avaient l'impression de disposer de l'autonomie nécessaire pour faire une réelle différence dans l'organisation[3]. En d'autres termes, pour insuffler un sentiment de pouvoir aux gens afin d'obtenir d'eux un engagement durable, vous avez besoin du soutien de l'ensemble du système.

À l'inverse, les programmes d'autonomisation trop structurés mettant l'accent sur la gestion et associés à des initiatives d'amélioration continue ne fonctionnent pas, selon des chercheurs de l'université de l'Illinois, car les employés ont l'impression que de tels programmes leur sont souvent imposés sans qu'on leur demande leur avis sur l'utilité des initiatives en question[4].

Par contre, les chercheurs ont découvert que même les employés les moins performants s'engageraient à chercher des moyens de rendre leur organisation plus efficace si on leur donnait assez d'autonomie pour prendre des décisions et appliquer les mesures d'amélioration qu'ils jugent les plus utiles. Il est conseillé aux managers d'agir davantage comme des coachs, en dispensant conseils et soutien, et en faisant confiance à ces employés de première ligne qui sont les experts sur le terrain et qui savent mieux quelles améliorations fonctionnent au final dans l'intérêt de l'organisation. L'étude réalisée par Gopesh Anand, Dilip Chhajed et Luis Delfin montre que les employés seront plus attachés à l'organisation s'ils sentent que leur environnement de travail quotidien est autonome et s'ils font confiance aux dirigeants pour les soutenir. Ce sentiment de pouvoir et la confiance réciproque dans le leadership conduisent à leur tour à des comportements volontaristes de la part des employés de première ligne, car ils sont susceptibles de prendre en charge la recherche continue de moyens d'améliorer leurs pratiques de travail quotidiennes en vue d'une meilleure efficacité organisationnelle.

Bien qu'un effort à l'échelle de l'entreprise pour que les employés se sentent autonomes et dignes de confiance produise les meilleurs résultats en matière d'engagement des employés, les managers peuvent commencer avec les membres de leur propre équipe. Inciter les autres à partager leurs opinions sans fard sur des questions importantes, déléguer et partager le leadership, assigner les tâches managériales, communiquer fréquemment et permettre que les erreurs deviennent des opportunités d'apprentissage, tout cela peut responsabiliser les employés et faire d'eux des esprits indépendants qui n'ont pas peur de prendre des risques et contribuent activement à faire progresser l'organisation.

Il n'est pas nécessaire, ni même possible, de nommer chaque membre du personnel à un poste de direction. Mais un bon manager peut offrir des choix renforçant l'autonomisation, sans titre requis.

Alors que nous savons que les gens aspirent instinctivement à un statut supérieur, Ena Inesi, de la London Business School, s'est rendu compte que les moyens d'action sont tout aussi importants. Elle s'est arrangée pour que les participants à l'étude se sentent puissants ou impuissants. Ils devaient ensuite choisir entre faire du shopping dans un magasin à proximité avec moins d'options ou dans un magasin plus éloigné mais proposant beaucoup plus d'options. Lorsque les participants se sentaient impuissants, ils désiraient plus de choix. Les participants qui se sentaient puissants, en revanche, se contentaient de moins de choix. « Imaginez une personne dans une organisation qui occupe un emploi peu qualifié, déclarait Inesi à l'époque[5]. Vous pouvez faire en sorte que cette personne apparemment sans pouvoir se sente mieux dans son travail et ses fonctions en lui donnant le choix, concernant la façon dont elle accomplit sa tâche ou le projet sur lequel elle travaille. »

Les gens ont besoin de croire qu'ils exercent un certain contrôle sur leur situation, en particulier en période de changement et d'incertitude, sans quoi ils risquent d'adopter cette attitude que le psychologue Martin Seligman, de l'université de Pennsylvanie, a appelée

« l'impuissance apprise », où ils arrêtent fondamentalement d'espérer. Dans le même ordre d'idées, Ellen Langer, professeur de psychologie à Harvard, a mené des recherches sur la pleine conscience et le choix, et s'est aperçue que donner aux gens des choix par rapport à leur environnement prolongeait en fait leur durée de vie de plusieurs années, selon les études qu'elle a réalisées auprès de personnes âgées dans des maisons de retraite.

Tom Peters a dit un jour : « Les leaders ne créent pas des suiveurs, ils créent d'autres leaders. » Donner une réelle autonomie à vos employés et les aider à se sentir plus puissants n'est pas seulement votre meilleur atout pour inverser la tendance au désengagement et à l'apathie, c'est au cœur de la stratégie concurrentielle.

HARRISON MONARTH est un coach exécutif et l'auteur à succès du New York Times pour *The Confident Speaker* et du best-seller international *Executive Presence*. Harrison travaille avec des leaders et des organisations sur le changement de comportement positif, le leadership authentique et la communication efficace. Son dernier livre s'intitule *Breakthrough Communication*. Suivez-le sur Twitter @HarrisonMonarth.

Notes

1 Y. Kifer et al., « The Good Life of the Powerful: The Experience of Power and Authenticity Enhances Subjective Well-Being », Psychological Science, 24, n° 3, 2013, p. 280-288.

2 S. Sorenson et K. Garman, « How to Tackle U.S. Employees' Stagnating Engagement », Gallup, 11 juin 2013,

3 P. Flade, J. Harter et J. Asplund, « Seven Things Great Employers Do (That Others Don't) », Gallup, 15 avril 2014,

4 P. Ciciora, « Study: Job Autonomy, Trust in Leadership Keys to Improvement Initiatives », Illinois News Bureau, 14 novembre 2012,

5 « It's All About Control », Association for Psychological Science,

6

Comment utiliser votre superpouvoir au service du bien

Par Peter Bregman

Après avoir plié mon vélo, je suis entré en le portant dans le hall de l'immeuble de bureaux en plein cœur de Manhattan. L'agent de sécurité assis derrière le bureau a levé les yeux vers moi, a grimacé, puis a de nouveau baissé les yeux en grommelant quelque chose d'inintelligible. « Pardon ? » ai-je lancé. Il a soupiré bruyamment et est resté silencieux un moment. Puis, sans se donner la peine de me regarder, il a répondu : « Vous ne pouvez pas entrer avec ça. » J'étais déjà tendu à cause d'une collision avec un taxi évitée de justesse quelques minutes plus tôt, et cette interaction me décourageait encore plus. Ce n'était pas tant le message – j'ai l'habitude des agents de sécurité qui refusent l'entrée aux vélos dans leur immeuble – que son ton froid et méprisant.

Essayant de rester aussi calme et enjoué que possible, je lui ai montré que mon vélo prenait très peu de place une fois plié. J'ai ajouté que j'avais un sac dans lequel je pouvais le glisser. Il s'est contenté de répéter la même chose. Finalement, après avoir mentionné la loi pour l'accès des vélos aux immeubles de bureaux qui impose aux immeubles new-yorkais disposant d'un monte-charge d'autoriser les vélos, il a fini par me laisser entrer. Arrivé au monte-charge, j'ai souri à l'opérateur qui plaisantait avec des ouvriers. Il m'a jeté un regard avant de se tourner à nouveau vers ses amis et de continuer à discuter. Gêné, j'ai attendu quelques minutes avant de finir par lui demander s'il pouvait me conduire au dix-neuvième étage. Il a lâché une grossièreté sur les locataires à l'intention de ses amis, puis m'a emmené dans les étages en silence, et m'a laissé dans un petit vestibule où se trouvait une porte fermée, sans moyen évident d'entrer.

Il a fermé sa porte au moment où je lui demandais comment entrer. « Essayez de pousser le bouton », a-t-il aboyé à travers la porte fermée du monte-charge. J'ai vu le bouton dont il parlait et je l'ai poussé. À ce stade, j'avais le moral dans les chaussettes. Puis, comme par magie, ma matinée a pris une tout autre tournure. « Bonjour ! Vous devez être Peter. Bienvenue ! » s'est écriée Lisa (tous les noms ont été changés), la réceptionniste, d'une voix chantante, en ouvrant la porte. Son sourire s'est effacé pour laisser place à une expression inquiète. « Pourquoi avez-vous pris le monte-charge ? » Je lui ai résumé les événements de ma matinée et elle a fait une moue pleine d'empathie. « Je suis vraiment désolée, c'est affreux. Donnez-moi votre vélo, je m'en occupe. » Je crois qu'à cet instant, j'aurais pu pleurer de joie. En une seconde, Lisa a retourné mes émotions, et je suis passé d'une spirale négative de colère, de frustration et de désespoir à une spirale positive de soulagement, de reconnaissance et de joie. Et c'est à ce moment-là que j'ai compris : nous avons tous des superpouvoirs.

Nous pouvons faire que les gens se sentent bien ou mal simplement avec un geste, une expression, un mot ou un certain ton. Mais attention. Est-ce que cela signifie que je peux mettre ma mauvaise humeur sur le dos de quelqu'un d'autre ? Ne sommes-nous pas tous responsables de notre propre humeur ? Voici ce que nous savons : tout comme le rhume, les émotions sont contagieuses. Caroline Bartel, de l'université de New York, et Richard Saavedra, de l'université du Michigan, ont étudié soixante-dix groupes de travail dans divers secteurs et ont découvert que les individus qui travaillaient ensemble finissaient par partager leurs humeurs, bonnes ou mauvaises[1]. Les humeurs convergent. C'est un fait que doivent impérativement comprendre les personnes qui occupent des postes à responsabilités, car les dirigeants, plus que quiconque, sont à l'origine de l'humeur qui se propage au sein des équipes. Si vous avez déjà travaillé dans un bureau, vous en avez fait l'expérience. Quand la patronne est de mauvaise humeur, les tensions augmentent. Si elle est de bonne humeur, les employés se détendent. Cela signifie-t-il que nous ne sommes pas responsables quand nous parlons sèchement à un collègue dans le couloir ? Que c'est en réalité de la faute de l'homme qui nous a bousculé dans le métro ce matin-là sans prendre la peine de s'excuser ? Imaginez le scénario suivant : si vous attrapez le rhume de quelqu'un d'autre, cela vous donne-t-il le droit d'éternuer ensuite sur tout le monde ? Vous pouvez peut-être mettre votre mauvaise humeur sur le dos d'un autre, mais vous restez responsable de ce que vous transmettez aux autres.

Il reste néanmoins difficile d'éviter de contaminer les autres quand on a un rhume. Il y a quelques années, on m'a demandé de coacher Renée, cadre supérieure dans une entreprise de vente au détail, à qui l'on reprochait d'être trop sévère avec ses employés. Elle haussait souvent le ton, les critiquait durement quand ils commettaient des erreurs, et les humiliaient quand ils ne savaient pas certaines choses.

En discutant avec les autres collaborateurs, j'ai appris que le P-DG dont Renée relevait directement traitait ses subordonnés de la même manière. Il était colérique, criait souvent, et exigeait des autres rien de moins que la perfection. Cela ne donnait pas le droit à Renée de traiter ses subordonnés directs de cette manière ; mais il était plus difficile pour elle de ne pas le faire à son tour. Ce qui pose problème pour les entreprises, étant donné que l'humeur influe sur la performance. D'après les travaux de recherche de Sigal Barsade de l'université Yale, la bonne humeur favorise la coopération, atténue les conflits, et améliore la performance.

Alors quelle est la solution ?

Prenez conscience de vos émotions et de vos humeurs, et considérez-les comme un rhume. Si vous avez l'impression d'être contaminé par la mauvaise humeur d'un autre, prenez une profonde inspiration, acceptez ce que vous ressentez, et choisissez de ne pas le transmettre.

Au lieu de cela, traitez les gens avec l'empathie, l'affection et la bonne humeur qui les aideront à se sentir plus joyeux, plus connectés, et plus productifs.

Bonne nouvelle : la recherche de Sigal Barsade a révélé que la bonne humeur était tout aussi contagieuse que la mauvaise humeur. Mais s'agit-il vraiment d'un choix ? Peut-on décider d'être joyeux quand on est de mauvais poil ? Je trouve cela très difficile, inauthentique, voire malhonnête, de prétendre être heureux. Heureusement, j'ai trouvé une solution simple pour inverser la tendance : faire preuve de gentillesse. Aussi exécrable que soit mon humeur, je trouve relativement simple de traiter les autres avec gentillesse. Et cette approche a systématiquement un effet positif sur les gens qui m'entourent, ce qui, comme nous l'avons vu, a ensuite un effet positif sur moi. Et ainsi, mon humeur s'améliore. Quand Lisa m'a conduit jusqu'au bureau de mon client, je lui ai raconté comment ma matinée jusque-là difficile avait été transformée par sa merveilleuse réceptionniste. Il m'a répondu en me racontant lui-même une anecdote. Un jour que Lisa était malade et ne pouvait pas venir au bureau, un homme discret et timide du nom de Frank l'a remplacée le temps d'une journée. Frank n'était pas du genre à parler d'une voix chantante, comme Lisa. Mais il était habitué à la gaieté de Lisa. Chaque matin, comme tous ses collègues, il recevait les e-mails pleins d'entrain qu'elle envoyait pour accueillir tout le monde au bureau. Ainsi, ce jour-là, quand on lui a demandé de prendre la place de Lisa, le simple souvenir de sa joyeuse légèreté a suffi à influencer Frank. Ce matin-là, à la première heure et de sa propre initiative, Frank a envoyé un e-mail à tout le bureau dans lequel on pouvait lire : « Aujourd'hui, c'est pizzaaaa pour le déjeuner ! J'espère que tout le monde va passer une super journée !!!!! »

> PETER BREGMAN est P-DG de Bregman Partners, une société qui aide les individus ayant réussi à devenir de meilleurs leaders, à accroître l'efficacité de leurs équipes et à faire en sorte que leur entreprise vise d'excellents résultats. Auteur du best-seller *18 Minutes pour être efficace*, son dernier livre s'intitule *Le Pouvoir du courage émotionnel*. Il anime également le Bregman Leadership Podcast.

Note

1 C. A. Bartel et R. Saavedra, « The Collective Construction of Work Group Moods », Administrative Science Quarterly, 45, n° 2, 2000, p. 197-231.

7

Le sentiment de pouvoir au travail nuit au bien-être à la maison

Par Trevor A. Foulk et Klodiana Lanaj

Vous êtes-vous déjà senti insulté, blessé, ou contrarié après une interaction avec un superviseur en plein power trip, c'est-à-dire ivre de pouvoir ? Vous êtes loin d'être un cas isolé. Des recherches exhaustives révèlent que quand les individus se sentent puissants, ils ont tendance à malmener les autres, ce qui soutient l'idée que « le pouvoir tend à corrompre, et le pouvoir absolu corrompt absolument[1]. » De nombreuses études montrent que les employés maltraités présentent des symptômes de détresse, sont moins performants et moins créatifs, et sont plus susceptibles de démissionner[2]. À l'inverse, les détenteurs du pouvoir qui tourmentent les autres semblent immunisés contre leurs propres comportements négatifs : d'après les recherches, ils poursuivraient leur journée comme si de rien n'était. Et si l'histoire ne s'arrêtait toutefois pas là ? Et si le pouvoir avait également un coût pour les puissants dirigeants ? Nous avons examiné cette possibilité dans une étude de cent huit managers, que nous avons sondés pendant dix journées de travail consécutives.

Ils travaillaient dans différentes organisations des secteurs de la santé, de l'ingénierie, de l'éducation, et de la banque. Même si les dirigeants possèdent un certain pouvoir structurel, la recherche indique que le sentiment de détenir du pouvoir fluctue au quotidien et peut être réveillé par certains événements (notamment par des rappels des responsabilités assumées, la participation à une réunion de direction, ou la prise de décisions liées au recrutement ou au licenciement). Afin de manipuler ce pouvoir quotidien, nous avons aléatoirement attribué aux participants cinq « journées de pouvoir » et cinq journées témoins. Lors des journées de pouvoir, les managers étaient invités à raconter par écrit une occasion au cours de laquelle ils avaient l'autorité sur quelqu'un d'autre et à réaliser plusieurs brefs exercices (par exemple : « Écrivez les lettres manquantes pour former le premier mot existant qui vous vient à l'esprit : po_v_ir »). La recherche montre que ces deux techniques déclenchent un sentiment de pouvoir. Lors des journées témoins, les managers devaient réaliser des exercices similaires ne déclenchant pas ce sentiment. Ils devaient par exemple décrire leur trajet pour se rendre au bureau et compléter des mots neutres (« Écrivez les lettres manquantes pour former le premier mot existant qui vous vient à l'esprit : î_e »).

Tout au long de l'étude, les participants ont interagi avec leurs collègues, leurs managers, et leurs clients, ce qui nous a donné de nombreuses opportunités d'évaluer les comportements des dirigeants plusieurs fois par jour, au travail et chez eux. Nous avons envoyé des sondages en ligne aux participants trois fois par jour : nous avons manipulé le pouvoir avec le sondage du matin, auquel les participants répondaient vers 8 h 28 ; nous avons évalué les abus et les incivilités perçues au quotidien par les autres en fin de journée, vers 17 h 23 ; et nous avons mesuré le niveau de relaxation et la satisfaction des besoins à la maison, vers 20 h 24.

Nos résultats étaient en adéquation avec la littérature étayant la nature « corruptrice » du pouvoir. Nous avons découvert que lors des journées où les participants se sentaient puissants, ils faisaient état de plus d'interactions négatives avec les autres, lesquelles prenaient deux formes : les participants expliquaient avoir adopté des comportements plus agressifs envers les autres (ils criaient ou juraient plus, agissaient de manière impolie, ou se moquaient de leurs collègues), mais ils percevaient également plus d'incivilités de la part des autres (ils avaient l'impression que leurs collègues s'adressaient à eux de manière moins professionnelle, leur parlaient avec un ton méprisant, et prêtaient peu d'attention à leurs idées et opinions). Ces observations concordent avec les travaux antérieurs menés sur les effets du pouvoir psychologique. Le pouvoir nous conduit à voir les autres comme psychologiquement distants, sans importance, et comme un moyen de parvenir à nos fins, ce qui explique pourquoi le pouvoir aggrave les abus. En parallèle, le pouvoir psychologique nous donne le sentiment d'être importants et de mériter davantage l'attention, le respect et les grâces d'autrui. Ces attentes exagérées ne sont généralement pas satisfaites, ce qui pourrait expliquer pourquoi les détenteurs de pouvoir ressentent un manque de civilité des autres. Bien que nos conclusions brossent un tableau peu réjouissant des effets du pouvoir sur les dirigeants, tout n'est pas négatif. Premièrement, tous les participants n'étaient pas affectés de la même manière par le pouvoir psychologique. Par exemple, à l'aide d'un test de personnalité, nous avons mesuré le caractère plaisant des dirigeants et constaté que les dirigeants agréables malmenaient moins les autres quand ils se sentaient puissants. Les personnes plaisantes se soucient du bien-être d'autrui et considèrent le maintien de relations positives avec leurs collègues comme une priorité. Leur désir inné de préserver l'harmonie sociale pourrait expliquer pourquoi les leaders plaisants n'adoptent pas de comportements aussi abusifs quand ils se sentent puissants. La nature corruptrice « absolue » du pouvoir n'est donc peut-être pas aussi absolue que nous le pensions.

Deuxièmement, les détenteurs de pouvoir souffraient de leur propre mauvaise conduite. Interrogés le soir, les dirigeants puissants qui avaient tourmenté les autres et qui avaient ressenti plus d'incivilités à leur égard exprimaient être moins satisfaits de leur journée de travail – ils se sentaient moins compétents, moins aptes à comprendre les autres, et moins autonomes. Ils avaient en outre plus de mal à décompresser à la maison. Ces conclusions semblent indiquer des effets secondaires du pouvoir – les effets ressentis pendant la journée réduisaient ainsi le bien-être des dirigeants chez eux. Dans l'ensemble, notre manipulation du pouvoir entraînait une fluctuation quotidienne de 15 % de la satisfaction des besoins du manager et de 2 % de la relaxation, ce qui laisse à penser que même une faible manipulation du pouvoir le matin peut avoir des conséquences notables sur le bien-être, qui se prolongent jusqu'au soir.

Pourquoi le pouvoir nuit-il au bien-être des dirigeants, même chez eux ? Il est possible que les interactions négatives causées par le pouvoir mettent en péril la capacité des dirigeants à conserver leur autorité sur les autres au travail ; les subordonnés victimes de mauvais traitements pourraient vouloir riposter ou refuser à l'avenir de se plier aux exigences des leaders abusifs. Il est également possible que les dirigeants puissants qui repensent à leurs mauvais comportements une fois chez eux se sentent coupables car ils reconnaissent avoir enfreint les normes sociales qui dictent la conduite à adopter au travail. Si de nombreuses personnes aimeraient avoir plus de pouvoir et d'influence, notre étude révèle que le pouvoir nous pousse non seulement à mal agir mais qu'il peut aussi nuire à notre bien-être après le travail. Il est donc plus prudent de nuancer notre vision optimiste du pouvoir et de tenir également compte des coûts qu'il engendre. Il est important que les personnes occupant des postes de pouvoir prennent conscience de l'influence négative potentielle du pouvoir sur leurs interactions avec les autres et sur leur propre bien-être. Elles pourraient en outre demander à des mentors et collègues de confiance de garder un œil sur elles pour les rappeler à l'ordre en cas de mauvaise conduite au travail. Du point de vue de l'organisation, il pourrait être utile de placer des employés agréables à des postes à responsabilités, car les dirigeants agréables sont moins susceptibles de laisser le pouvoir leur monter à la tête et de malmener leurs collègues.

On dit souvent qu'« un grand pouvoir implique de grandes responsabilités ». Comme le montre cette étude, un grand pouvoir semble également impliquer de plus grandes souffrances.

TREVOR A. FOULK est professeur adjoint à la Robert H. Smith School of Business de l'université du Maryland.

KLODIANA LANAJ est professeure et titulaire de la chaire Walter J. Matherly au Warrington College of Business à l'université de Floride.

Notes

1 C. Anderson et S. Brion, « Perspectives on Power in Organizations », Annual Review of Organizational Psychology and Organizational Behavior, 1, 2014, p. 67-97.

2 E. X. M. Wee et al., « Moving from Abuse to Reconciliation: A Power-Dependence Perspective on When and How a Follower Can Break the Spiral on Abuse », Academy of Management Journal, 60, n° 6, 2017, p. 2352-2380 ; S. Aryee et al., « Abusive Supervision and Contextual Performance: The Mediating Role of Emotional Exhaustion and the Moderating Role of Work Unit Structure », Management and Organization Review, 4, n° 3, 2008, p. 393-411 ; D. Liu, H. Liao et R. Loi, « The Dark Side of Leadership: A Three-Level Investigation of the Cascading Effect of Abusive Supervision on Employee Creativity », Academy of Management Journal, 55, n° 5, 2012, p. 1187-1212 ; C. I. C. Farh et Z. Chen, « Beyond the Individual Victim: Multilevel Consequences of Abusive Supervision in Teams », Journal of Applied Psychology, 99, n° 6, 2014, p. 1074-1095.

8

Comment travailler avec un manipulateur

Par Liz Kislik

Rares sont celles ou ceux qui n'ont jamais eu affaire à un individu manipulateur sur leur lieu de travail et encore plus rares sont celles ou ceux qui osent le dénoncer. Et pour cause : lorsque ces personnes saisissent leur hiérarchie du problème, elle se montre timorée la plupart du temps ou refuse de reconnaître la situation quand elle ne sanctionne pas carrément la victime plutôt que son tourmenteur.

Malheureusement, beaucoup d'entreprises favorisent les manipulateurs parce qu'ils donnent l'impression d'être efficaces dans leur travail en dépit des coûts humains et de productivité considérables qu'ils font subir à autrui et à l'employeur au cours du temps. Quand votre hiérarchie ou toute autre source d'autorité refuse de vous aider, sans aller jusqu'à saisir la justice, il y a quand même des choses que vous pouvez faire.

En trente ans de consulting, j'ai eu affaire à un nombre incalculable de cas de manipulation, d'intimidation et d'usage inapproprié du pouvoir. Trois types de parades se sont montrés invariablement efficaces pour faire face à la grande majorité des manipulateurs ordinaires, et ce, même si vous leur êtes hiérarchiquement inférieur, que vous détenez moins de pouvoir ou que votre statut professionnel est moindre. Au minimum, ces réactions vous aideront à vous imposer et à reprendre dans une certaine mesure le contrôle de la situation plutôt que de souffrir en silence et de faire des plans à long terme.

Tout d'abord, méfiez-vous des individus qui s'intéressent trop à vous. Au début de la relation, les manipulateurs se gardent bien d'afficher leurs véritables intentions. En fait, ils se présentent souvent comme des alliés ou des confidents parce qu'ils ont besoin de se rapprocher de vous pour déterminer quels sont vos points faibles et ce qu'ils peuvent tirer de vous. Ils distinguent sans problème le salarié averti qui a suffisamment confiance en lui pour se défendre tout seul de celui qui veut toujours bien faire et doute de lui-même.

On est aisément flatté par l'attention que peut nous porter un collègue puissant ou hiérarchiquement supérieur, mais si vous avez entendu des rumeurs inquiétantes à son sujet, mieux vaut se tenir sur ses gardes, en particulier s'il fait de vous son favori tout en vous envoyant des piques qui vous déstabilisent ou en vous rabaissant devant vos collègues ou encore en vous mettant la pression pour que vous agissiez contre vos propres intérêts pour rester dans ses bonnes grâces.

Une cadre dirigeante avec qui j'ai travaillé a ainsi été victime d'un de ses collègues qui faisait semblant de la soutenir et d'être son ami tout en pointant constamment du doigt ses imperfections et ses erreurs, soi-disant pour l'aider. Petit à petit, elle a commencé à douter d'elle-même et s'est glissée dans le rôle du fidèle acolyte au détriment de ses propres intérêts.

Quand enfin elle a compris ce qui lui arrivait, elle a eu le plus grand mal à reprendre ses distances avec son tourmenteur. Elle avait perdu toute influence et toute crédibilité auprès de ses collègues, l'image qu'elle avait d'elle-même était écornée et son statut dans l'entreprise compromis, au point qu'elle a fini par démissionner.

N'ayez pas peur de vous accrocher en public. Parfois, la seule façon d'exposer les manœuvres d'un manipulateur est de le confronter sur l'instant. Certes, cela peut être compliqué à faire si vous êtes le plus junior des deux. Même des employés expérimentés peuvent être déstabilisés et se retrouver sans voix face à des comportements inappropriés dénués de fair-play et dommageables pour l'entreprise. Mais quand on a tout à la fois le cran et la présence d'esprit de riposter, cela montre d'une part au manipulateur que son attitude indésirable a été identifiée comme telle et d'autre part aux collègues en présence qu'il est possible d'intervenir et de se protéger tout en faisant avancer les choses dans l'entreprise.

Au cours d'une réunion à laquelle j'ai assisté avec un client, un cadre dirigeant faisait ainsi un rapport par conférence téléphonique en présence de ses pairs. À un moment, un vice-président qui s'était montré très centré sur lui-même et avait la réputation d'être manipulateur a pris l'air étonné avant de secouer la tête de droite à gauche plusieurs fois et de finir par hausser les épaules, comme pour signifier aux autres présents dans la salle que soit il n'était pas d'accord avec son collègue, soit il mettait en doute la pertinence de ses propos. Tout cela sans dire un mot.

Le VP qui était au téléphone ne se doutait absolument pas que sa crédibilité et son autorité étaient en train d'être sapées. C'est alors que je me suis directement adressée au manipulateur : « Vous voulez ajouter quelque chose ? On dirait que vous n'êtes pas du tout d'accord avec ce qui vient d'être exposé. Voulez-vous contester la conclusion ou un point en particulier ou êtes-vous satisfait de ce compte-rendu ? »

Le manipulateur affirma n'avoir rien à redire au rapport de son collègue tout en étant clairement mal à l'aise d'être ainsi interpellé ; il ne pouvait plus le traiter de haut ni médire sur lui. Quant au collègue, cela l'a alerté sur le comportement toxique de cet homme.

Enfin, refusez de garder des secrets ou de jouer l'interprète lorsque cela vous amène à entériner une attitude sournoise. Soyez plutôt direct et franc et campez sur vos positions. Un manipulateur vous traitera comme un initié de confiance en partageant avec vous des anecdotes sur les échecs et les manquements d'autres collègues, comme si vous seul(e) étiez en mesure de comprendre ce qui est vraiment important. Ne soyez pas dupe de la flatterie implicite ; posez-lui des questions afin d'exposer ses intentions cachées. Par exemple : « Je ne comprends pas ce que tu veux dire. Pourquoi me racontes-tu ça ? Que veux-tu que je fasse ? »

Dans l'entreprise d'un autre de mes clients, j'ai travaillé avec une dirigeante qui n'aimait pas le conflit et essayait de se servir d'autrui – y compris de moi – pour porter les messages qu'elle-même craignait de délivrer. Plutôt que de la laisser se cacher derrière les autres, je lui ai dit des choses telles que : « J'ai bien compris que vous n'êtes pas satisfaite de la façon dont James a géré le conflit au sein de son équipe. Je suis toute disposée à ce que l'on se réunisse vous, James et moi pour que vous puissiez lui faire part de vos remarques et qu'ensuite je travaille avec lui à l'amélioration de la situation. » À présent qu'elle a pris conscience de ce travers et qu'elle a reçu des conseils lui permettant de se corriger, elle est beaucoup moins susceptible qu'avant de se décharger de tâches désagréables sur autrui.

Si vous êtes plus senior que la personne qui tente de vous manipuler, la réponse la plus efficace sera de réagir promptement en mettant en œuvre les tactiques décrites ci-dessus et en donnant à l'individu concerné un feed-back sur son comportement jusqu'à ce qu'il cesse d'agir de manière inappropriée ou que vous puissiez l'écarter. Si, à l'inverse, vous êtes en situation d'infériorité hiérarchique, ces tactiques vous permettront de vous protéger et de minimiser l'impact négatif du manipulateur tant sur vous que sur l'entreprise pour aussi longtemps que vous le souhaiterez.

> LIZ KISLIK aide des entreprises du classement Fortune 500 comme des associations à but non lucratif et des entreprises familiales à résoudre leurs problèmes les plus épineux. Elle a enseigné à NYU et à l'Université Hofstra. Elle a donné une conférence TEDx à la Baylor School. Vous pouvez consulter gratuitement son guide *How to Resolve Interpersonal Conflicts in the Workplace* sur son site web.

9

Sexe, pouvoir, et les systèmes où prospèrent les Harvey Weinstein

Par Dacher Keltner

La première fois que j'ai entendu les témoignages révélant le comportement de prédation du producteur de films Harvey Weinstein, j'ai tout de suite imaginé des châtiments dignes de l'Europe de la Renaissance ou du film Orange mécanique : le forcer à porter un masque de honte, comme ceux utilisés en Allemagne il y a quelques siècles, ou le contraindre à un électrochoc du lobe frontal pour déclencher chez lui une empathie pour les femmes qu'il a harcelées. Quand une injustice est mise au jour, il est humain de vouloir en premier lieu éliminer ou punir le responsable.

Pourtant, mes recherches sur la psychologie du pouvoir semblent indiquer que – sans disculper les individus corrompus – nous devons aussi examiner attentivement les systèmes sociaux dans lesquels ils ont commis leurs exactions.

Pendant vingt-cinq ans, d'autres spécialistes des sciences sociales et moi-même avons décrit comment le sentiment de pouvoir pouvait modifier le comportement de citoyens ordinaires – ce qu'on pourrait appeler la banalité des abus de pouvoir. Dans des expériences où un groupe de participants se voit attribuer un statut de pouvoir de manière aléatoire, ceux du groupe « puissant » ont tendance à montrer deux faiblesses : ils développent des déficits d'empathie et sont moins à même de lire les émotions des autres et de tenir compte de leurs points de vue[1]. Ils agissent en outre de manière impulsive et enfreignent le code d'éthique professionnelle. Dans une expérience, les participants en situation de pouvoir prenaient des bonbons des mains d'enfants sans sourciller un seul instant[2].

Nos travaux de recherche montrent aussi que ces deux tendances se manifestent sous la forme de comportements sexuels inappropriés dans des contextes à dominante masculine, ce qui fait écho aux témoignages des femmes agressées par Weinstein. Les études indiquent que les hommes puissants surestiment l'intérêt sexuel des autres et pensent à tort que les femmes qui les entourent sont plus attirées par eux qu'elles ne le sont en réalité[3]. Les hommes puissants sexualisent en outre leur travail, en cherchant des opportunités de rencontres et liaisons sexuelles. Au quotidien, ce comportement se traduit par des regards lubriques, une proximité physique inappropriée, et des contacts physiques trop longs, dépassant ainsi les limites de la bienséance – et pire encore[4].

Les conclusions de ces études en laboratoire nous disent que les abus de pouvoir sont prévisibles et récurrents. C'est également ce que nous dit une brève réflexion sur l'histoire. Depuis que j'étudie le pouvoir, de nouveaux cas d'abus sexuels par des hommes puissants sont recensés chaque année, et dans tous les contextes possibles et imaginables – les organisations religieuses, l'armée, le Capitole des États-Unis, Wall Street, et les universités.

Nous avons aussi intérêt à tirer des enseignements des études désormais canoniques de Stanley Milgram sur la soumission à l'autorité. Ces travaux, nés du désir de Milgram de comprendre les conditions qui ont permis l'émergence de l'Allemagne nazie, ont montré que les contextes de régimes autoritaires pouvaient pousser des citoyens ordinaires et bien intentionnés à administrer des chocs électriques presque mortels à des inconnus choisis au hasard. De la même manière, les contextes de pouvoir illimité rendent beaucoup d'entre nous vulnérables aux abus de pouvoir – et complices de ceux-ci. Nous avons beau ne pas approuver une situation, beaucoup d'entre nous ne feront rien pour y mettre fin. Cette observation ne nous disculpe pas plus que les puissants de leurs crimes, mais elle doit nous empêcher de nous mentir et de croire que nous aurions mieux agi que les gens de la Weinstein Company qui étaient au courant des exactions de Weinstein et qui ne l'ont pas arrêté.

L'enjeu consiste donc à changer les systèmes sociaux dans lesquels les abus de pouvoir se produisent et continuent sans la moindre opposition. Et pour ce faire, la psychologie sociale du pouvoir avance quelques pistes.

Premièrement, nous devons écouter les récits des individus ayant fait l'objet d'abus de la part des puissants, aussi difficiles et perturbantes que soient ces histoires. Je salue les personnes courageuses qui dénoncent les maltraitances et abus sexuels de Weinstein et des autres. Ce genre de témoignages entraîne le changement social. Par exemple, quand les citoyens anglais ont commencé à entendre les histoires du sort des esclaves sur les navires négriers dans les années 1700, le calcul moral de la traite des esclaves a commencé à changer, ce qui a mené plus tard à l'adoption de lois antiesclavagistes. En partageant ces récits, les moins puissants participent à la construction de la réputation des puissants et restreignent ainsi leurs tendances impulsives.

Nous découvrons aussi actuellement les nombreux bienfaits de l'inclusion des femmes aux postes de pouvoir, parmi lesquels un plus faible taux de corruption et une meilleure rentabilité des résultats nets[5]. Hollywood fait partie des secteurs les plus dominés par les hommes, où à peine 4 % des réalisateurs sont des femmes ; une hausse du nombre de réalisatrices et productrices permettrait de changer le rapport de force dans l'industrie du cinéma. Les études ont montré que de tels changements systémiques réduisaient le risque d'abus sexuel. Par exemple, les minorités ethniques sont plus susceptibles d'être la cible de crimes de haine à mesure que la supériorité numérique des Blancs augmente[6]. Un meilleur équilibre numérique entre les différents groupes permet de limiter les abus de pouvoir : les personnes des groupes moins puissants ont plus d'alliés, elles sont plus susceptibles d'être vigilantes dans les contextes où surviennent les abus de pouvoir, et elles sont plus susceptibles de se sentir libres de s'exprimer face aux puissants.

Enfin, nous devons déboulonner les mythes qui nourrissent les abus de pouvoir. Les spécialistes des sciences sociales ont décrit comment les structures de pouvoir coercitives survivent à travers des mythes sociaux qui le plus souvent justifient la position et l'action sans entraves des individus haut placés. Nous les avons tous déjà entendus : « Les femmes n'ont pas le bagage biologique nécessaire pour diriger », « Les Afro-Américains ne sont pas dignes du droit de vote », « Il crie sur ses employés et dépasse parfois les bornes, mais c'est un génie ». Et l'un des préférés de Hollywood : « Les femmes sont attirées par les hommes de pouvoir comme Weinstein. » Pourtant, les études scientifiques révèlent une tout autre réalité : quand les femmes (et les hommes) sont placées dans des positions avec moins de pouvoir, leur anxiété, leurs complexes, et leurs inquiétudes augmentent considérablement, et leur joie et leur plaisir, y compris leur plaisir sexuel, en sont coupés[7].

La période que nous vivons peut devenir un tournant dans la lutte contre les agressions sexuelles systémiques. Pour qu'elle soit à la hauteur de ce projet, nous devons reconnaître la banalité de Harvey Weinstein et concentrer nos efforts sur le contexte social à changer pour que la tendance des hommes à abuser de leur pouvoir appartienne enfin au passé.

DACHER KELTNER est professeur de psychologie à l'université de Californie, à Berkeley, et directeur fondateur du Greater Good Science Center, et l'auteur de *The Power Paradox: How We Gain and Lose Influence*.

Notes

1 A. D. Galinsky et al., « Power and Perspectives Not Taken », Psychological Science, 17, n° 12, 2006, p. 1068-1074.

2 P. K. Piff et al., « Higher Social Class Predicts Increased Unethical Behavior », PNAS, 109, n° 11, 2012, p. 4086-4091.

3 J. W. Kunstman and J. K. Maner, « Sexual Overperception: Power, Mating Motives, and Biases in Social Judgment », Journal of Personality and Social Psychology, 100, n° 2, 2011, p. 282-294.

4 D. Keltner, D. H. Gruenfeld, and C. Anderson, « Power, Approach, and Inhibition », Psychological Review, 110, n° 2, 2003, p. 265-284.

5 Matthew Swayne, « Women Still Less Likely to Commit Corporate Fraud », Penn State News, 13 août 2013,

6 D. P. Green, D. Z. Strolovitch, and J. S. Wong, « Defended Neighborhoods, Integration, and Racially Motivated Crime », American Journal of Sociology, 104, n° 2, 1998, p. 372-403.

7 C. Langner and D. Keltner, « Social Power and Emotional Experience: Actor and Partner Effects Within Dyadic Interactions », Journal of Experimental Social Psychology, 44, n° 3, 2008, p. 848-856.

10

Vos privilèges les plus quelconques peuvent être utiles aux autres

Par Dolly Chugh

J'oublie souvent que je suis hétérosexuelle. Je n'y pense pour ainsi dire jamais vraiment beaucoup. Quand on me demande ce que j'ai fait pendant le week-end ou lorsque je pose des photos de famille sur mon bureau au travail, rien ne me fait me demander si ce que je dis va mettre quelqu'un mal à l'aise ou bien donner lieu à une blague faite à mes dépens ou encore pousser une collègue à croire tout à coup que je suis attirée par elle. Notre culture est ainsi faite que les personnes hétérosexuelles peuvent être elles-mêmes sans avoir à y regarder deux fois. Mais pour certains collègues homosexuels, une question anodine sur le week-end qui vient de passer ou sur une décision concernant la façon de décorer l'espace de travail peut se révéler une source importante de stress ; comment agir, à qui faire confiance, jusqu'où se confier ? D'après une étude récente, 46 % des employés LGBTQ ne parviennent pas à se vivre librement sur leur lieu detravail, notamment par peur de perdre leur emploi et parce qu'on les affuble de stéréotypes[1]. Contrairement à moi, une personne non hétérosexuelle n'a pas le privilège de passer une journée entière sans se voir rappeler son orientation sexuelle. Ce privilège consistant à pouvoir oublier qui l'on est n'est pas propre aux personnes hétérosexuelles. Il y a chez chacun d'entre nous des facettes qui ne nécessitent pas d'attention particulière pour s'éviter de potentiels dangers, discriminations ou traits d'humour idiots. Par exemple, aux États-Unis, être blanc, chrétien, valide, hétérosexuel, ou parler couramment l'anglais sont des traits particuliers facilement oubliables. Ce ne sont que des façons d'être « ordinaires ». Le privilège ordinaire est ordinaire parce qu'il se confond parmi les normes et les personnes qui nous entourent et, ainsi, s'oublie aisément. Aux États-Unis, à peu près tout le monde possède ce privilège ordinaire, sous une forme ou sous une autre. Il n'y a là aucune raison d'avoir honte, ni de nier, même si cela peut parfois donner l'impression d'être accusé. Le privilège ordinaire est en fait une aubaine. En effet, plusieurs études ont confirmé de manière répétée que les personnes ayant un privilège ordinaire ont le pouvoir de défendre celles qui en sont dépourvues et qu'elles ont une influence particulièrement efficace lorsqu'elles le font. Pour beaucoup, nous qui cherchons un moyen de lutter contre l'intolérance et les préjugés au travail ou au sein de notre environnement culturel en général, nous sommes susceptibles de passer à côté de l'aubaine qui nous fait pourtant immédiatement face : se servir de la nature ordinaire de notre identité comme source d'un pouvoir extraordinaire.

Les psychologues Heather Rasinski et Alexander Czopp se sont par exemple intéressés à la perception que nous avons des confrontations entre deux tiers au sujet d'un commentaire contenant un préjugé raciste[2]. Ils se sont aperçus que les observateurs blancs étaient davantage convaincus par les plaideurs blancs que par les plaideurs noirs, et que ces derniers leur paraissaient plus impolis. Le fait d'être blanc conférait à un individu davantage de légitimité que le fait d'être noir.

De même, les universitaires David Hekman, Stefanie Johnson, Maw-Der Foo et Wei Yang ont étudié ce qui arrive aux personnes qui tentent de défendre la diversité sur leur lieu de travail[3]. Les femmes non blanches qui le faisaient recevaient de moins bonnes évaluations de la part de leur supérieur que leurs homologues également non blanches mais ne défendant pas activement la diversité. Les cadres masculins blancs ne voyaient pas leur note changer, qu'ils prônent ou non la diversité. Les chercheurs ont décelé la même tendance dans les décisions d'embauche. Si un responsable masculin et blanc recrutait une personne qui lui ressemblait (ou quelqu'un qui ne lui ressemblait pas, d'ailleurs), cela n'avait aucun impact sur ses évaluations de performance. Mais si un responsable masculin non blanc recrutait une personne qui lui ressemblait, il recevait des critiques. En d'autres termes, le privilège ordinaire, cette partie de notre identité à laquelle nous faisons moins attention, est également le lieu à partir duquel nous pouvons exercer une influence démesurée et la mettre à contribution pour bénéficier aux autres.

Cette influence existe même sur Internet, comme l'a montré le politologue Kevin Munger grâce à une expérience ingénieuse réalisée sur Twitter ayant pris pour objet des internautes employant le « mot en N » à des fins de harcèlement à l'égard d'autres personnes[4]. À l'aide de faux profils automatisés à l'effigie de personnes blanches ou noires, il envoyait ce tweet aux harceleurs : « Hé vieux, rappelle-toi simplement qu'il existe des personnes en chair et en os qui sont blessées quand tu t'en prends à elles avec des mots comme ça. » Ce tweet somme toute modéré, publié par un bot « blanc » qui semblait avoir cinq cents abonnés, donnait lieu à une baisse du harcèlement à caractère raciste en ligne dans les sept jours suivant le tweet, tandis que le même message publié par un bot « noir » avec le même nombre d'abonnés n'avait que peu d'effet (il est intéressant de noter que seuls ceux qui avaient proféré le « mot en N » anonymement étaient affectés ; ceux qui publiaient sous leur vrai nom et avec leur vraie photo, du moins en apparence, n'étaient pas affectés par la confrontation). Si un tweet modéré comme celui-ci peut avoir un tel effet, nous devons nous interroger sur l'impact potentiel de notre privilège ordinaire individuel.

Pour faire bon usage de votre privilège ordinaire, voici quelques choses que vous pouvez entreprendre :

- Tout d'abord, identifiez les facettes de votre identité auxquelles vous pensez le moins. Une fois cela fait, vous avez mis le doigt sur votre privilège ordinaire.

- Puis commencez par vous familiariser avec ce que les personnes qui n'ont pas ce privilège ordinaire rencontrent comme obstacles au bureau, à l'école et au sein de leur communauté. Aller sur Internet pour trouver des témoignages à la première personne est un bon point de départ.

- Ensuite, mettez-vous à l'affût d'occasions de vous exprimer et d'agir. Le fait de mettre directement d'autres personnes face au problème n'est qu'une des nombreuses façons dont nous pouvons faire usage de notre privilège ordinaire. À la place, nous pouvons poser des questions, soulever des problèmes et apporter des points de vue qui n'émergent pas naturellement dans nos discussions au bureau. Nous pouvons présenter des données, inviter des personnes à participer à nos conversations et créer une émulation autour de certaines idées. Nous pouvons amplifier les points de vue de personnes qui ne sont pas entendues dans les réunions et revenir à un moment de la conversation où quelqu'un s'est fait interrompre. Nous pouvons vanter le travail de certaines personnes et parler aux autres de leur talent. Il est également en notre pouvoir de remarquer les préjugés à l'œuvre autour de nous et de mettre un nom dessus lorsqu'ils se produisent.

- Enfin, prenez garde de ne pas parler par inadvertance à la place du groupe que vous tentez de soutenir. Il n'est pas rare qu'on se focalise sur nous-même plutôt que sur les personnes dont nous nous voulons l'allié, et cela a un coût. Lorsque cela

> se produit, faites un pas de côté, prenez du recul, et apprenez de ceux dont la vie est directement affectée par le problème en question plutôt que de vous présenter comme l'expert en la matière. Laissez-les, eux, prendre les choses en main tout en mettant votre privilège ordinaire à contribution.

Ce à quoi nous pensons le moins, voilà d'où part potentiellement ce que nous pouvons accomplir de plus bénéfique. Chacun de nous possède une forme ou une autre de privilège ordinaire, et c'est une bonne nouvelle, car cela signifie que nous avons, pour la plupart, plus d'influence que nous ne le pensons.

DOLLY CHUGH est maître de conférences à la Stern School of Business de l'université de New York et a écrit *The Person You Mean to Be: How Good People Fight Bias.*

Notes

1 Human Rights Campaign, « A Workplace Divided: Understanding the Climate for LGBTQ Workers Nationwide ».

2 H. M. Rasinski et A. M. Czopp, « The Effect of Target Status on Witnesses' Reactions to Confrontations of Bias », Basic and Applied Social Psychology, 32, n° 1, 2010, p. 8-16.

3 D. R. Hekman et al., « Does Diversity-Valuing Behavior Result in Diminished Performance Ratings for Non-White and Female Leaders? », Academy of Management Journal, 60, n° 2, 2016, p. 771-797.

4 K. Munger, « Tweetment Effects on the Tweeted: Experimentally Reducing Racist Harassment », Political Behavior, 39, n° 3, 2017, p. 629-649.

11

Pour susciter le changement, le leadership est plus important que l'autorité

Par Greg Satell

Les jeunes cadres ambitieux rêvent de grimper les échelons pour acquérir davantage d'autorité. Ainsi, ils pourront faire avancer les choses et être les moteurs du changement auquel ils croient. À l'inverse, les cadres supérieurs sont souvent frustrés par le peu de pouvoir qu'ils ont réellement.

Le problème est le suivant : si l'autorité peut en effet obliger à l'action, elle n'est en revanche que peu efficace pour susciter l'adhésion. Faire en sorte que les autres fassent ce que vous voulez ne suffit pas, ils doivent aussi vouloir ce que vous voulez ; sans quoi tout changement est voué à n'être qu'éphémère.

C'est pour cela que les efforts de conduite du changement échouent fréquemment. Bien trop souvent, ceux-ci sont conçus pour mettre en œuvre des initiatives qui viennent d'en haut. En fin de compte, il faut tout simplement dire aux autres ce que vous voulez, mais de manière plus ingénieuse. Pour que le changement se produise bel et bien, nul besoin de le conduire, il faut lui donner les moyens d'exister. Là réside la différence entre autorité et leadership.

Dans les années 1850, Ignaz Semmelweis était médecin en chef du service d'obstétrique d'un petit hôpital de Pest, en Hongrie. Après des recherches approfondies sur la façon dont les conditions sanitaires pourraient limiter les infections, il institua un régime strict de lavage de mains et parvint virtuellement à éliminer la fièvre puerpérale qui était endémique à l'époque.

En 2005, John Antioco était l'éminent et talentueux P-DG de Blockbuster, mastodonte du secteur de la location de vidéos. Malgré la domination de sa firme, il vit une menace mortelle dans le streaming vidéo en ligne et en des concurrents adroits comme Netflix. Il initia alors un programme agressif de suppression des pénalités de retard et d'investissement dans une plateforme en ligne.

Pour les deux hommes, les événements prirent une tournure défavorable. Ignaz Semmelweis fut châtié par la communauté médicale et placé dans un asile psychiatrique où il mourut, fait ironique, d'une infection contractée alors qu'il était sous supervision médicale. John Antioco fut quant à lui licencié par le comité de direction de son entreprise et son successeur revint sur ses réformes. Blockbuster déposa le bilan en 2010.

Si les idées visionnaires d'Ignaz Semmelweis et de John Antioco semblent aujourd'hui évidentes, elles ne l'étaient pas hier. À l'époque du premier, on croyait que la maladie était causée par un déséquilibre des humeurs. À celle du second, la menace de la vidéo en ligne semblait trop lointaine pour justifier une renonciation à des profits immédiats. Même s'ils étaient en position d'autorité, aucun des deux ne fut capable de se défaire du point de vue majoritaire.

Nous avons tendance à surestimer le pouvoir de l'influence. Nous avons toujours l'impression que si nous avions un petit peu plus d'autorité, que si nous avions davantage de données pour confirmer nos dires ou que si nous étions en mesure de faire valoir nos arguments au forceps, nous pourrions faire avancer nos idées. Pourtant, Ignaz Semmelweis et John Antioco avaient non seulement de l'autorité, mais ils avaient également les faits pour eux et étaient prêts à risquer leur carrière. Cela ne les a pas empêchés d'échouer.

Dans les années 1950, l'éminent psychologue Solomon Asch réalisa une série d'expériences devenues célèbres qui montrent pourquoi cela fut le cas. Il montra le diagramme suivant à un groupe de personnes et leur demanda quelle ligne, sur la figure de droite, faisait la même taille que la ligne de la figure de gauche.

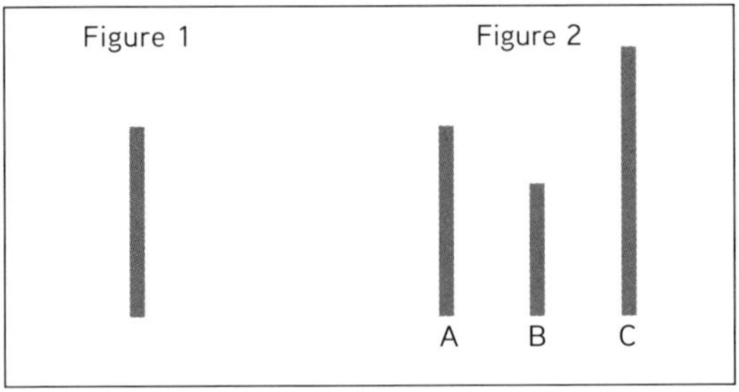

Voilà une tâche qui semble relativement simple, et qui devrait l'être, mais Solomon Asch, réputé pour son ingéniosité, avait ajouté un petit piège. L'ensemble des personnes présentes dans la pièce, sauf une, étaient de mèche et donnaient une mauvaise réponse. Lorsque venait le tour de la dernière personne, qui était le vrai sujet de l'étude, presque tous les participants s'étaient conformés au point de vue majoritaire, bien que celui-ci fût à l'évidence irrecevable. Quoique nous aimions à nous voir comme des êtres indépendants et capables de penser librement, la vérité est que nous sommes profondément affectés par les points de vue de ceux qui nous entourent. Si vous êtes dans un bureau où les autres regardent des vidéos de chats qui font n'importe quoi, vous vous surprendrez à faire la même chose et à être en train de rire avec eux. Pourtant, bien souvent, vous vous apercevrez que ces vidéos sont loin d'être aussi drôles quand vous les regardez en compagnie de quelqu'un d'autre.

La conformité n'est jamais absolue. Même dans les expériences de Solomon Asch, certains participants tenaient bon, un peu comme Ignaz Semmelweis et John Antioco. Nous avons tous des points de conviction sur lesquels il y a peu de chances que l'on nous déstabilise, d'autres domaines dans lesquels nous avons besoin d'être davantage convaincus et encore d'autres qui ne nous importent pas assez pour que nous formions une opinion digne de ce nom à leur sujet.

C'est en substance ce que prédit le modèle de seuil du comportement collectif : les idées s'implantent dans de petites majorités locales ; beaucoup s'arrêtent là et ne vont pas plus loin, mais certaines saturent ces communautés locales et se transmettent à des groupes plus réticents par le jeu de liens faibles. Puis un effet d'entraînement s'ensuit.

L'exemple le plus connu d'un modèle de seuil à l'œuvre est le modèle de diffusion des innovations inventé par Everett Rogers dans lequel un petit groupe d'innovateurs trouve une idée et endoctrine un groupe plus réticent de nouveaux convertis pour former des majorités locales. Les membres réticents de ces communautés se retrouvent surpassés en nombre et commencent à se conformer, de même que dans l'étude de Solomon Asch. Peu après, les nouveaux convertis se retrouvent à transmettre l'idée à d'autres groupes sociaux auxquels ils appartiennent. Le processus se poursuit jusqu'à ce que l'idée se soit propagée bien au-delà de sa niche d'origine. Finalement, même les retardataires les plus sceptiques entrent dans la danse.

Ainsi nous voyons les échecs d'Ignaz Semmelweis et de John Antioco – et la déraison dont font preuve tant de cadres en herbe – tels qu'ils sont réellement. Plutôt que de chercher à conduire une bande passionnée d'innovateurs empressés et de bâtir un mouvement, ils se sont reposés sur leur autorité pour créer un changement à grande échelle en forçant les sceptiques à agir contre leur gré. Plutôt que de construire minutieusement des majorités locales, ils se sont évertués à contraindre des populations entières.

Le contrôle est une illusion et l'a toujours été. C'est un paradoxe hobbesien que le fait de ne pas pouvoir imposer le changement à moins que ce dernier ne se soit déjà produit. Un statut élevé – ou même une présentation persuasive agrémentée de faits – n'est que d'une utilité limitée. Les aliénés dirigent l'asile ; ce que nous pouvons faire de mieux en tant que leaders est de leur donner le pouvoir de le diriger correctement.

Voilà pourquoi le changement nécessite toujours du leadership plutôt que de l'autorité. Les personnes respectables préfèrent toujours le statu quo aux bouleversements. Seuls les inadaptés se sentent menacés par le statu quo. Si vous voulez créer un réel changement, ce n'est pas de pouvoir et d'influence que vous avez besoin, mais de ceux qui cherchent à les subvertir.

GREG SATELL est consultant et donne des conférences dans le monde entier, il a écrit *Cascades: How to Create a Movement That Drives Transformational Change*. Son précédent ouvrage, *Mapping Innovation*, a fait partie des meilleurs livres sur l'entrepreneuriat en 2017. Vous pouvez en découvrir davantage à son sujet sur son site gregsatell.com et le suivre sur Twitter @DigitalTonto.

12

Comment aborder la création de votre héritage professionnel

Par Kimberly Wade-Benzoni

En tant que leader, laisser un héritage d'exception est sans doute ce que vous pouvez réaliser de plus fort dans votre carrière et dans votre vie, car cela vous permet de rester influent durant de longues années, même après être sorti de scène. C'est crucial si vous souhaitez optimiser l'impact que vous avez sur votre organisation et sur les personnes qui y travaillent. En contexte professionnel, la création d'un héritage peut par exemple consister à tout faire pour garantir la viabilité de votre organisation sur le long terme et à la quitter plus forte, plus productive et plus profitable qu'elle ne l'était auparavant. Ou bien, dans des scénarios plus dramatiques, et si l'on se sent l'âme d'un entrepreneur, à créer une organisation complètement différente. Réfléchir à votre héritage est également un excellent moyen de vous assurer que vous prenez bien en compte la perspective à long terme de votre organisation et de résister à la tentation de prendre à l'aveugle des décisions trop orientées sur les profits immédiats.

Mais comment faire pour ne pas perdre de vue votre héritage lorsque vous prenez des décisions au quotidien ? Par chance, il existe plus d'une décennie de recherches sur la façon dont nous prenons des décisions qui impliquent les générations futures. Celles-ci sont pourvoyeuses de stratégies spécifiques qui vous permettront de garder votre héritage à l'esprit et de tirer profit de votre réflexion à ce sujet pour maximiser votre impact sur le monde[1].

Pensez à ce que les générations précédentes ont fait pour vous

Souvenez-vous de vos prédécesseurs et de l'effet que leurs actions ont eu sur vous. Quelles ressources vous ont-ils laissées à vous et à vos contemporains ? Comment ont-ils fait évoluer l'organisation afin que vous puissiez bénéficier d'opportunités ? Comment ont-ils façonné la culture de votre organisation ?

S'il n'est pas toujours possible de rendre la pareille aux générations précédentes parce qu'elles ne font plus partie de l'organisation, vous pouvez en revanche renvoyer l'ascenseur en vous comportant de la même manière vis-à-vis de la prochaine génération d'acteurs organisationnels. Quand vous adoptez une perspective de long terme et que vous envisagez votre organisation sous l'angle des multiples générations qui la composent, la réciprocité n'est pas directe mais prend plutôt une forme généralisée. La recherche montre que lorsque nous avons conscience d'avoir bénéficié du legs d'une génération précédente, cela nous fait réfléchir à l'héritage positif que nous voulons laisser aux générations futures et nous incline à prendre de meilleures décisions orientées sur le long terme[2].

Concentrez-vous sur les fardeaux laissés plutôt que sur les bénéfices

Pour de nombreux leaders, prendre une décision quant à l'avenir peut consister ou bien à affecter des bénéfices désirables (profits, ressources naturelles) ou bien à répartir les fardeaux qu'eux ainsi que d'autres souhaitent s'éviter (dettes, déchets dangereux). La recherche montre que le fait qu'une ressource soit un bénéfice ou un fardeau intéresse le sujet des décisions d'allocation et de l'héritage que l'on veut laisser[3]. Nous sommes davantage préoccupés par le fait d'éviter de laisser un héritage négatif que par le fait d'en créer un qui soit positif. Par rapport au fait de laisser des bénéfices aux générations futures, celui de laisser des charges nous conduit à ressentir davantage de responsabilité et d'affinité vis-à-vis de ceux qui viendront après nous ainsi que davantage d'émotions morales telles que la honte et la culpabilité.

En prenant bien conscience du fardeau inhérent à certaines décisions de long terme, les leaders seront plus à même de reconnaître les héritages négatifs que de tels choix peuvent engendrer. En outre, il relève de l'intérêt stratégique des organisations de relier délibérément les décisions concernant des bénéfices et celles concernant des charges afin que les managers puissent les effectuer simultanément. Le surcroît d'attention portée aux considérations éthiques qui accompagne l'allocation des fardeaux peut permettre d'atténuer l'attitude court-termiste et intéressée qui préside souvent à l'allocation des bénéfices.

Prenez la mesure de la responsabilité qu'implique votre pouvoir

La plupart des recherches sur le pouvoir suggèrent que l'expérience de celui-ci a tendance à nous rendre plus centrés sur notre propre personne et à nous faire davantage agir par intérêt personnel. Ces recherches prennent principalement en compte l'effet du pouvoir sur des périodes de temps restreintes. Cependant, une étude plus récente sur les décisions intergénérationnelles réalisée sur de plus grandes périodes temporelles révèle que le pouvoir est susceptible de pousser les preneurs de décision à se préoccuper davantage des intérêts qui seront ceux des autres dans l'avenir[4]. Quand les décisions intergénérationnelles sont combinées à une expérience valorisée du pouvoir, les individus se sentent davantage de responsabilité sociale et sont plus concentrés sur leur héritage que lorsque leur pouvoir est moins éminent. Il en résulte qu'ils se montrent plus généreux vis-à-vis des générations futures, ce qui les aide naturellement à construire un héritage positif. Quand il est clair que nous nous trouvons dans une position nous permettant de déterminer quelles seront les retombées pour ceux qui sont impuissants et sans voix, nos décisions sont éthiquement chargées et nous envisageons les implications de nos actes de manière plus sérieuse.

Souvenez-vous que vous mourrez un jour

Un jour, en 1888, un homme riche et accompli était en train de lire ce qui était censé être la notice nécrologique de son frère dans un journal français. En la parcourant, il s'aperçut que le journaliste les avait confondus et qu'il avait rédigé une notice le concernant lui plutôt que son frère. « Le marchand de mort est mort », proclamait le titre. Puis la notice s'attelait à décrire un homme qui avait bâti sa fortune en aidant les humains à s'entretuer. De manière assez peu surprenante, il fut profondément troublé par cet aperçu de ce que son héritage aurait pu être s'il était en effet mort ce jour-là. Cet incident aurait, dit-on, été crucial dans sa volonté qu'à sa mort, survenue huit ans plus tard, la quasi-totalité de sa fortune finance chaque année des prix destinés à récompenser ceux dont le travail profite le plus à l'humanité. Il s'agit bien entendu de l'histoire vraie d'Alfred Nobel, inventeur de la dynamite et fondateur du prix Nobel.

Oui, nous mourons tous. Quand on nous rappelle que nous sommes mortels, nous nous souvenons que nous ne voulons pas mourir ; nous voulons vivre ! Mais nous comprenons l'inévitabilité de la mort, et ce fait engendre un dilemme existentiel à la mesure de notre instinct de survie, qui est profondément ancré. Une des choses les plus efficaces qu'il nous soit donné de faire pour compenser notre angoisse de la mort est d'essayer de la transcender en trouvant du sens dans notre vie. L'idée centrale est que nous avons un impact qui persiste au-delà de notre existence physique.

La recherche montre que le fait de rappeler leur mortalité aux individus les pousse à réfléchir à leur héritage et à agir de sorte à bénéficier aux générations futures, et ainsi à améliorer la qualité générale de leurs décisions de long terme[5]. Nous nous sentons mieux face à la mort lorsque nous nous impliquons dans une chose qui nous survivra. Avoir un impact positif sur les générations futures peut permettre de satisfaire ce besoin. Alfred Nobel perdure grâce à son héritage, et le fait de se voir rappeler de manière vive l'inévitabilité de sa mort l'a aidé à y parvenir. Son histoire illustre également comment le fait d'éviter d'avoir un héritage négatif peut s'avérer plus motivant que de se contenter de vouloir un héritage positif.

En somme, le summum du pouvoir est de laisser un héritage important qui vous survive. Voilà comment vous pouvez maximiser votre influence et faire en sorte de ne pas perdre de vue le succès de l'organisation sur le long terme. Et en bonus, cela vous confère un peu d'immortalité (symbolique).

En définitive, votre héritage est tout ce que vous avez. Pensez à la façon dont vous souhaitez que les autres se souviennent de vous et donnez suite à cette réflexion. Ne laissez pas la mort s'en tirer à si bon compte, créez quelque chose de significatif qui vous survivra.

KIMBERLY WADE-BENZONI est maître de conférences en administration des entreprises et chercheuse au Center of Leadership and Ethics de la Fuqua School of Business de l'université Duke. Elle est une universitaire éminente et reconnue dans le monde entier. Son travail porte sur les décisions intergénérationnelles et elle a reçu de nombreuses récompenses pour ses recherches, notamment de la part de l'International Association for Conflict Management, de la State Farm Companies Foundation, de l'United States Environmental Protection Agency et la National Science Foundation.

Notes

1 K. A. Wade-Benzoni et L. P. Tost, « The Egoism and Altruism of Intergenerational Behavior », Personality and Social Psychology Review, 13, n° 3, 2009, p. 165-193.

2 K. A. Wade-Benzoni, « A Golden Rule Over Time: Reciprocity in Intergenerational Allocation Decisions », Academy of Management Journal, 45, n° 5, 2017, p. 1011-1028.

3 K. A. Wade-Benzoni, H. Sondak, et A. D. Galinsky, « Leaving a Legacy: Intergenerational Allocations of Benefits and Burdens », Business Ethics Quarterly, 20, n° 1, 2010, p. 7-34.

4 L. P. Tost, K. A. Wade-Benzoni, et H. H. Johnson, « Noblesse Oblige Emerges (with Time): Power Enhances Intergenerational Beneficence », Organizational Behavior and Human Decision Processes, 128, 2015, p. 61-73.

5 K. A. Wade-Benzonietal., « It's Only a Matter of Time: Death, Legacies, and Intergenerational Decisions », Psychological Science, 23, n° 7, 2012, p. 704-709.

13

Comment fonctionne réellement le leadership par l'humilité

Par Dan Cable

Pour devenir un leader-serviteur, il faut d'abord prendre conscience de la vraie valeur de ses collaborateurs.

Quand vous êtes un leader – peu importe depuis combien de temps ou les difficultés rencontrées pour y arriver –, à moins que vous sachiez tirer le meilleur de vos employés, vous ne faites que contribuer aux frais généraux de l'entreprise. Et ça, malheureusement, beaucoup de dirigeants l'oublient. Le pouvoir, ainsi que ma collègue Ena Inesi l'a étudié, peut amener les managers à se concentrer à l'excès sur les résultats et les contrôles, et, ce faisant, à traiter leurs subordonnés comme de simples moyens pour parvenir à leurs fins. Mais comme je l'ai moi-même découvert au cours de mes recherches, cela ne fait qu'accroître la peur chez les gens – peur de ne pas remplir ses objectifs, peur de ne pas toucher son bonus, peur de l'échec –, les empêche de ressentir des émotions positives et étouffe en eux tout désir d'expérimenter et d'apprendre.

Prenez par exemple une société britannique de livraison de produits alimentaires que j'ai étudiée. Plus la direction concentrait son attention sur des données chiffrées dans l'espoir de réduire les coûts et d'améliorer les délais de livraison, plus l'implication de ses chauffeurs, qui chaque jour livrent du lait et du pain à des millions de clients, déclinait. Chaque semaine, les managers les réunissaient pour un débriefing et passaient en revue, papier et stylo à la main, la liste des problèmes constatés, des plaintes reçues et des erreurs commises. Un moment qui n'enthousiasmait personne, quel que soit le côté où l'on se plaçait. Au bout d'un moment, les chauffeurs, dont certains travaillaient pour l'entreprise depuis des dizaines d'années, ont commencé à éprouver une certaine rancœur vis-à-vis de la direction.

Aider ses subordonnés à grandir

Non seulement ce type de leadership du sommet vers la base n'est plus d'actualité, mais il est contre-productif. En se concentrant à l'excès sur les contrôles et les objectifs finaux et pas assez sur leurs employés, les dirigeants ont plus de difficultés à atteindre les résultats qu'ils désirent. La clé est d'aider les individus à se sentir utiles, motivés et dynamisés de façon à ce qu'ils donnent le meilleur d'eux-mêmes au travail. Ainsi que je le montre dans mon dernier ouvrage Alive at Work (Harvard Business Review Press, 2018), il existe plusieurs moyens d'y parvenir. L'un des meilleurs est d'adopter l'état d'esprit d'un leader-serviteur, un type de leader qui se voit en serviteur de ses subordonnés, en soutien tangible et émotionnel au fur et à mesure que ces derniers expérimentent et grandissent.

Pour dire les choses clairement, les leaders-serviteurs ont l'humilité, le courage et la clairvoyance d'admettre qu'ils peuvent bénéficier de l'expertise de ceux qui détiennent moins d'autorité qu'eux. Ils sollicitent activement les idées et les contributions des employés qu'ils servent. C'est ainsi qu'ils créent une culture de l'apprentissage et un environnement de travail qui encouragent leurs subordonnés à devenir les meilleurs individus possible. L'humilité et le leadership de soutien n'impliquent pas que les dirigeants souffrent d'un manque d'estime de soi ou qu'ils doivent adopter une attitude servile. Au contraire, cette forme de leadership insiste sur le devoir du dirigeant de favoriser l'appropriation, l'autonomie et la responsabilisation de ceux qui le suivent – de les encourager à penser par eux-mêmes et à essayer de nouvelles idées. Voici comment procéder.

Demandez à vos employés comment vous pouvez les aider à mieux faire leur travail, puis écoutez-les

L'idée est simple : plutôt que de dire à vos employés comment mieux faire leur travail, commencez par leur demander comment vous pouvez les y aider. Les effets d'une telle approche peuvent se révéler puissants. Considérez l'entreprise de livraison de denrées alimentaires mentionnée précédemment. Après que de nouveaux concurrents ont bousculé son modèle de fonctionnement traditionnel, l'équipe de direction a décidé qu'il fallait que les choses changent. Pour rester compétitif, son service client se devait d'être remarquable, mais, pour ce faire, le management devait pouvoir compter sur ses employés qui fournissaient le service et, de plus, trouver des idées novatrices.

Après avoir travaillé avec des consultants de chez PricewaterhouseCoopers et suivi une formation, l'équipe de direction a testé un nouveau format pour ses réunions hebdomadaires d'évaluation des performances avec ses chauffeurs. En quoi consistait cette nouvelle approche ? Au lieu de passer les problèmes en revue un par un, chaque manager demandait à ses chauffeurs : « Comment puis-je vous aider à délivrer un service hors pair ? » Comme le montrent les études menées par Bradley Owens et David Heckman, les dirigeants ont besoin d'adopter ce type de comportement de soutien envers leurs employés de façon à ce que ceux-ci servent mieux les clients.

Comme vous pouvez vous en douter, au début, tout le monde a été sceptique. L'antipathie des chauffeurs envers leurs managers était forte et la confiance au plus bas. Mais comme les responsables de dépôts n'arrêtaient pas de demander « comment puis-je vous aider à délivrer une excellente qualité de service ? », certains chauffeurs ont commencé à faire des suggestions. Par exemple, l'un d'entre eux a proposé de nouveaux produits tels que le Gogurt (yaourt en tube à emporter, NDÉ) et le fromage à effilocher que les parents pourraient se faire livrer tôt et glisser dans les paniers-repas de leurs enfants avant qu'ils ne partent à l'école. Un autre a proposé un moyen de faire remonter l'information sur les ruptures de stock plus rapidement pour réduire le nombre de commandes incomplètes.

Les bonnes idées se trouvent sur le terrain

Les petits changements alimentent un cercle vertueux. Plus les livreurs se voyaient crédités pour leurs idées et plus celles-ci étaient mises en place, plus ils étaient enclins à en soumettre de nouvelles, ce qui impressionnait les chefs de dépôt et renforçait leur respect envers leurs employés qui avaient alors d'autant plus envie de jouer le jeu. Les responsables de dépôt ont aussi appris que certaines des soi-disant « erreurs » commises par les chauffeurs étaient en fait dues à des innovations qu'eux-mêmes avaient introduites pour simplifier les procédures en place tout en continuant à livrer les produits en temps et en heure. Ces innovations ont permis à l'entreprise d'améliorer la qualité de son service client.

En définitive, la leçon à retenir est la suivante : les opérationnels d'une organisation savent souvent mieux que vous comment bien faire leur travail. Respecter leurs idées et les encourager à essayer de nouvelles approches pour s'améliorer encore ne peuvent que les inciter à donner le meilleur d'eux-mêmes. Comme l'a résumé un responsable de zone : « Nous pensions vraiment connaître nos livreurs sur le bout des doigts, mais nous avons pris conscience qu'il y avait plein de choses que nous n'avions pas comprises. Nos réunions hebdomadaires sont beaucoup plus interactives à présent et les conversations plus franches et adultes dans leurs formes. Il est difficile de décrire avec des mots les changements dont nous avons été témoins. »

Créez des espaces à faible risque pour les employés afin de leur permettre de réfléchir à de nouvelles idées

Parfois, la meilleure façon dont les dirigeants peuvent servir leurs employés – et leur entreprise – est de créer une zone de faible risque pour que les employés puissent y tester leurs idées. Ce faisant, ils encouragent ces derniers à repousser les limites de leurs savoirs. Par exemple, quand Jungkiu Choi a déménagé de Singapour en Chine pour prendre la tête de la branche banque de détail de la Standard Chartered, il était entendu que, comme ses prédécesseurs, il se rendrait régulièrement dans les différentes agences pour mettre la pression sur les directeurs afin qu'ils réduisent leurs coûts. Des visites que le personnel des agences passait des semaines à préparer fiévreusement.

Cependant, Jungkiu a changé la nature de ces visites. Plutôt que de mettre l'accent sur son pouvoir formel, il se présentait dans les différentes agences de façon inopinée, en commençant par servir un petit déjeuner à l'ensemble du personnel (lire aussi l'article : « Pour être un bon leader, créez du lien »). Ensuite, il réunissait les employés en « peloton » et leur demandait comment il pouvait les aider à améliorer le fonctionnement de leur agence. Alors qu'au début, la plupart d'entre eux étaient surpris et ne savaient pas comment réagir, Jungkiu a réussi, grâce à son approche, à calmer leurs inquiétudes et à encourager l'épanouissement de nouvelles idées.

En un an, il s'est rendu dans plus de 80 agences disséminées à travers 25 villes, sa persévérance et son désir d'aider finissant par convaincre les employés les plus sceptiques. Les pelotons permettaient de mettre au jour de nombreux « points de friction » faciles à résoudre (par exemple, des sessions de formation au nouveau système informatique bancaire ou l'acquisition de mémoire additionnelle pour les anciens ordinateurs afin que le nouveau logiciel fonctionne correctement sur ces machines).

Des propositions pertinentes et inattendues

Certaines innovations proposées par les employés ont été plus conséquentes. Ainsi, l'une des agences de Shanghai était située dans un centre commercial. Lors d'un peloton, les employés ont demandé à Jungkiu s'ils pouvaient adopter les horaires d'ouverture et de fermeture du centre (plutôt que de rester calqués sur ceux prévus pour toutes les agences). L'équipe voulait tester l'ouverture de l'agence durant les week-ends.

Au bout d'à peine quelques mois, les revenus générés le week-end par l'agence ont dépassé l'ensemble de ceux du reste de la semaine. Cette idée, Jungkiu ne l'avait même pas envisagée. Ces expérimentations ont payé en termes de performance pour l'entreprise. La satisfaction client a crû de 54 % durant les deux années de leadership par l'humilité de Jungkiu, tandis que les plaintes, elles, diminuaient de 29 %. Dans le même temps, le taux de départ des employés, jusque-là l'un des plus élevés de toutes les banques étrangères implantées en Chine, est tombé à l'un des niveaux les plus faibles parmi ces banques.

Souvent, les leaders ne perçoivent pas la vraie valeur de ceux dont ils ont la charge, surtout des travailleurs au bas de l'échelle hiérarchique. Mais quand ils sont humbles, respectueux, et qu'ils proposent leur aide aux employés pour faire progresser l'entreprise, les résultats peuvent être spectaculaires. Peut-être plus important encore, les leaders-serviteurs se conduisent alors comme de meilleurs êtres humains.

DAN CABLE est professeur de comportement organisationnel à la London Business School.

Remerciements

L'éditeur tient à remercier pour son aide précieuse toute l'équipe de la *Harvard Business Review France.*

Dépôt légal : octobre 2023

Achevé d'imprimer en République Tchèque par Finidr

MIXTE
Papier | Pour une gestion forestière responsable
FSC® C014138
FSC
www.fsc.org